孩子别怕

DON'T BE SCARED, MY CHILD

周弘◎著

赏识教育倡导人

全球热爱生命奖得主

中央教科所特聘家庭教育专家

南方日报出版社

图书在版编目（CIP）数据

孩子别怕/周弘 著. —广州：南方日报出版社，2007.12
ISBN 978-7-80652-693-4

Ⅰ.孩… Ⅱ.周… Ⅲ.家庭教育 Ⅳ.G78

中国版本图书馆CIP数据核字(2007)第180063号

孩子别怕

著　　者：周　弘
责任编辑：刘志一
E-mail：liuzhiyiliuzhiyi@sina.com
出版发行：南方日报出版社
地　　址：广州市广州大道中289号
电　　话：（020）87373998-8502
经　　销：全国新华书店
印　　刷：佛山市浩文彩色印刷有限公司
开　　本：787mm×1092mm　1/16
印　　张：11.5　彩插0.5
字　　数：180千字
版　　次：2008年1月第1版
印　　次：2008年1月第1次印刷
定　　价：29.80元

投稿热线：（020）87373998-8503　读者热线：（020）87373998-8502
网址：http://www.nanfangdaily.com.cn/press　http://www.southcn.com/ebook

孩子别怕

DON'T BE SCARED, MY CHILD

致读者：

这一代独生子女是最幸福的一代，但也是最不幸的一代！幸福之处在于有形生命的丰满，不幸之处在于无形生命的贫乏。这种贫乏源于对应试教育大面积失败的恐慌；源于父母不合理的过分关注；源于父母的不理解；源于对自我的怀疑；源于没人讲心理话的孤独……鉴于此，本书从学习、缺陷、人际、父母四个方面帮助那些感到孤独的孩子，充满恐惧的孩子，失去自信的孩子，重新燃起生命之火，重新找到安全感，做一个快乐的孩子。其中贯穿学习方法及亲子沟通方法，让父母懂孩子，让孩子懂父母，互相关爱，和谐家庭。

周弘

2007-10-01

快乐营里快乐的孩子们

马来西亚报告会——为孩子，翘起我们的大拇指

接受CCTV 新闻会客厅采访

在百家讲坛谈赏识教育

促膝而谈

风雨之后的彩虹——
留美博士周婷婷

我能行

勇敢跨越

“人”字的结构就是相互支撑

妈妈，您辛苦了

爸爸妈妈，女儿已长大

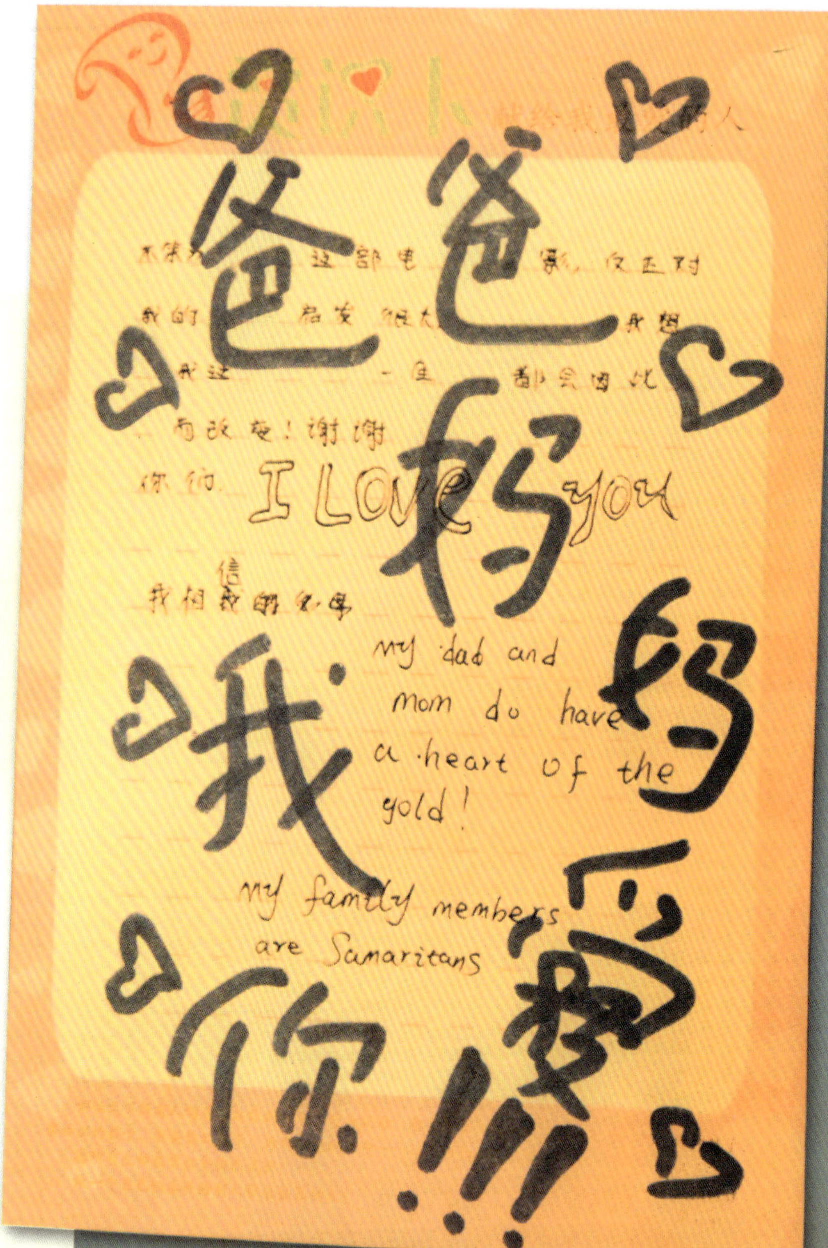
爸爸妈妈我爱你!!!
I LOVE YOU
my dad and mom do have a heart of the gold!
my family members are Samaritans

写给父母的赏识卡

前言 Foreword

在孩子的心中，爸爸妈妈是什么样子？

做父母的了解自己的孩子吗？

通过赏识教育“伴我雄心”训练营，我们加深了对孩子的认识，因为在那里孩子完全向我们敞开心扉。从画盾牌形图案中可了解孩子的内心世界。

盾牌隐喻了孩子矛盾的心理。一方面他们深深地爱着自己的父母，离不开父母的滋润；另一方面又渴望独立，脱离父母的庇护。

大多数的孩子把爸爸妈妈想象成大树，自己像一片片的树叶，根深叶茂；或把爸爸妈妈比喻成太阳或月亮，自己是一颗星星，水乳交融的画中幸福、和谐扑面而来。

也有几幅画给我留下了深刻的印象。

一个南昌的孩子，把爸爸妈妈画得大大的，自己小小的，爸爸用大手压着妈妈，而妈妈又压着他，愁眉苦脸的神情，真实地表露了孩子在家里的地位。旁边还配了一段文字：那有五颗扣子的人是谁？那梳长发的人是谁？那我到哪里去？

在这幅画的下面，他还画了一个摇篮，本来他在摇篮里画了一个孩子，但后来被他用改写纸贴住了，那个孩子被画在了摇篮外。这一改动说明孩子的内心很痛苦，他希望得到爸爸妈妈的爱。

孩子希望得到父母的尊重。

一个来自上海的孩子画了三个人，爸爸、妈妈画在上面，把自己画在下面。爸爸说：你一定要听从老师的指挥；妈妈叮嘱道：你一定要注意安全；而自己从心里面发出了呐喊：我-长-大-了！

孩子不希望得到父母过度的呵护。

一个徐州的孩子画了爸爸看报，妈妈打电脑，而自己在偷偷掉眼泪，满脸痛苦，令人心酸。

有一个南京的孩子在日记里写道：在训练营里我真的觉得很苦，但还有教官跟我们一起玩，在家里我感到舒服，但没有人跟我玩，在训练营我不感到苦。

父母经常抱怨孩子这不好那不好，其实，孩子非常渴望父母能够了解他们的内心世界，能懂他们，能像一座大山一样给予他们力量，支撑起他们脆弱的天空。

我曾做过一次亲子调查：父母认为的好孩子和孩子认为的好孩子有什么不同？结果很有意思。父母心中的好孩子标准：学习好放在第一位；而孩子却认为：除了学习好，还有兴趣广泛，懂礼貌，为他人着想，有个性，懂事等等。两者之间有较大差异，父母将学习作为衡量孩子的主要标尺，而孩子却对理想的成长有多种看法。

从某种意义上来说，孩子就是我们的老师。

生命如水，十多年的时光似水流过，婷婷已由少女成长为青年。从女儿身上我读懂了一个生命，从此我与教育结下不解之缘。我在全国与许多孩子成为好朋友，在我面前，他们愿意倾诉心中的秘密，把心里话说出来。在同他们的交流沟通中我发现，现在的孩子无疑是幸运的，他们生活在高科技的信息时代，充分享受人类文明所创造的物资和精神财富。另一方面，社会对独生子女的期盼有时也会转化为“沉重的负担”。因此，我给孩子作报告的主题就是消除孩子的恐惧感，让他们获得安全感，做一个快乐、幸福的孩子。

让父母懂孩子，让孩子懂父母，两代人共同成长，是我们共同的心愿。

目录 Contents

第一章　直面学习，孩子别怕

第二章　直面缺陷，孩子别怕

第三章　直面人际，孩子别怕

第四章 直面父母，孩子别怕

第一章　直面学习，孩子别怕

孩子，别怕
无论是老师的批评父母的指责
还是试卷上无休止的红叉叉
过去的就过去吧

孩子，别怕
儿时的学走路
儿时的学说话
哪一回轻易放弃过

孩子，别怕
成绩好也罢
成绩坏也罢
天生我材不就为了
支撑起一片属于自己的天空吗？

第一节　失败面前，勇敢说“不”

谋求成功本来无可非议，问题的关键是通向成功的路该怎样走。

“追蝴蝶”与“狼来了”

有一次在南京作报告。我说教育的最终目的是让孩子成为一个快乐的人，而不是追求分数和名利上的成功。快乐是主要的，成功只是附带品。

会后，一位母亲质疑：你这样认为，某种程度上是因为你的女儿周婷婷已经成功，而对于大多数父母来说，孩子的未来不得不系在考试成绩上，怎么能不重视？

我很理解那位母亲的心情，应该说大多数的父母都有着和她一样的心态。

他们对孩子的人生定位，用一句话来说，那就是：吃得苦中苦，方为人上人。

学校、家庭、社会，都孜孜不倦地向孩子灌输着这样的理念，用尽各种方法迫使孩子们在知识的海洋里挣扎，一批又一批的孩子，因无法适应而被淘汰，挣扎下来的大多数也是伤痕累累，身心疲惫。

求知的快乐被异化了。

生存的意义被异化了。

谋求成功本来无可非议，问题的关键是通向成功的路怎样走。

就像让孩子们往前跑。

有一种跑得很轻松，很忘我，很快乐，因为他在追蝴蝶，蝴蝶的美好令他忘记了奔跑的辛劳。

有一种跑得很恐惧，很无奈，很痛苦，因为狼在后边追赶，对狼的恐惧令他紧张万分。

某种意义上，应试教育就是一匹狼，可怜的孩子在狼的追赶下充满恐惧拼命地跑。不在沉默中爆发，就在沉默中死亡。于是有的孩子变得逆反不近人情，有的孩子变得麻木不思进取。爱因斯坦认为学习有三种状态，在恐惧中学习最为可怕，因为恐惧能够摧毁人对一切的信心。

而孤军奋战的孩子还要面对父母、老师、同学的枪林弹雨。

何其苦！

累啊！无论是世人眼里的好学生还是差学生。

那么多流着眼泪的哭诉，那么多绝望的求助，真的是心痛的感觉。

下面这封信是一位省重点中学的女孩子写给我的。在父母眼里、在老师眼里，她都堪为楷模，有谁知道，如此优秀的孩子心里却有这么多的苦。

戴着“好孩子”这顶帽子，你累了吗？

我优秀，可是我累

周伯伯：

您好!

我真是有太多太多话想对您说。

首先，我真想见见您的婷婷，然后紧紧地拥抱她。不为她经历过那么多苦难，不为她“超常”，只为她是那样“天然”的一个女孩，没有性格上的重压、扭曲，她一定有着最自然的人性，而这在我们身边多么难得啊。虽然我自己已经磨炼得老成、世故，可是我最爱不加雕琢的女孩，哪怕她们“疯”。只要爱哭爱笑，我都从心底里爱。

我也许就是盐碱地里顽强但却歪歪扭扭地长出来的一棵庄稼。我曾很平常，可是当我做了班长，就觉得学习和管理都该有个样儿；当同学把我当成大人，我也就胸一挺，俨然成了排忧解难的侠客；当老师觉得我做事情很不错，我也就绞尽脑汁把事情处理得滴水不漏……所以您看到了那个成熟的、有气质的我。我常在这些方面自豪，而在赏识教育这方面对我发挥了最大的作用，因为我可以放心去做。越做越好，不会因骄傲翘尾巴，因失败而遭人嘲笑。因而，我已经成了一个真正的“社会人”。但在这一切背后，我承担着巨大的精神压力，因为我多数时候要独立面对，独立思考“绞”出一个好办法。这固然使我独立、思想有深度，但同时给了我生命最深层的脆弱、多虑，因而我往往在自己的思想上处理不好，常把自己逼入死胡同，虽然次数不多，却也够受了。我以前曾把“战胜自我”作为人生信条，有一年特见效，但一年之后我便累了。这样硬挺着面对生活的冲击波，造成了一时的紧张，更给我造成了内伤。

赏识在除学习以外的任何领域，在我身上都可以说是成功了。可是在学习上，我和大多数“好”同学一样，害怕赞美，害怕赏识自我，因为那面临着翘尾巴——失败的危险。于是我们在这边缘小心地走着钢丝，走得越来越机械。怎样才能避免赏识走入精神胜利的误区呢？

这就是我，一个内在与外在，学习与其他方面的复杂的结合体。将来，也许我会更坚强，也许最终会被自己卡死，就比如“战胜自我”。

与此相反，我还有另一封来信，这封信是一位曾经经历过辉煌但又被抛进了深渊的孩子，也就是所谓的差生写来的。与“好孩子”相比，这位孩子除了感到累，还有一种负罪感。

退步≠罪恶，但在孩子心里已经有了罪恶感！

我也曾优秀过

提起我的小时候，认识我的人都会夸我是“小神童”。那时家里对我进行的教育比较早。记得每天晚饭后不久，爸爸就拿着“小教棍”喊“上课了，上课了”，然后我就会乖乖地搬着小凳子坐在小黑板前听爸爸讲课。我喜欢看唐诗画册，刚会说话不久我就可以把爸爸教的唐诗倒背如流；别的孩子还不能数到10时我就可以数到100了，他们连“1”都写不好时我就可以从“1”写到“9”，甚至还会歪歪扭扭地学爸爸写我的名字；幼儿园组织的算数比赛、画画比赛、叠被子比赛等等，我每次都会得到糖果或手帕作为奖励……（当然，我小时候不只会学习，还有许多出众的方面，在这里我就只拿学习为例。）

妈妈从我很小时就开始给我订儿童画报，爸爸下班时常会给我带来一本童话或寓言。那时候，边看边听爸爸妈妈讲故事是我最大的乐趣之一，有时我还会和堂妹一起围在爷爷身旁听爷爷给我们讲他过去的故事。

记得有一次幼儿园老师家访时吃惊的表情——小小年纪的藏书已经可以摆满一个小书橱。上面的每一本书我都翻来覆去看过无数遍，毫不夸张地说：每一本书中的故事我都可以脱口而出，每一本书中的图片我到现在都历历在目。幼儿园和小学低年级时，我都是班中公认的“故事大王”，这也曾让我骄傲了很长一段时间。

别的孩子拿到书总爱撕着玩，而我的每本书都保存得很完好。有的书翻烂了，我总是在妈妈的帮助下小心翼翼地把它粘好。直到两年前我才舍得把我心爱的“老古董”送给小表妹，但没过多长时间就全被她撕得支离破碎，真让我又气又恼。其实小时候我也不一定懂得书的重要性，只是觉得它能给我带来快乐和美感，这么好的东西破坏了多可惜。我到现在仍保持着爱护书本的好习惯，上学期我还当了学校的图书管理员。

小时候，我还总爱听爸爸买的《燕子姐姐讲故事》、《鞠萍姐姐讲故事》、《哆来咪童谣》和一些儿童歌曲磁带等等；我还总爱看《七巧板》、《同一片蓝天》、《月亮船》、《和爸爸妈妈一起看》、《大风车》等等一些少儿节目，直到小学三年级，我几乎是每天必看，一集不少。那时候，我的头脑中总是充满着天真无邪，充满着对一切美好事物的幻想，我的思想总是乐观积极向上的。我的生活中总是充满着真善美，邪恶丑似乎离我的生活很遥远很遥远，我信任并依赖我周围的每一个人。我热爱生活，有远大的抱负，总相信“每天的太阳都是新的”，对明天充满着热切的希望。

啊！我的童年，我美好而充实的童年！

童话和寓言对我的影响实在很大很大。它教给我许许多多做人的美德和处事的原则，并且我一直都按照这样的准则去做，不允许自己有丁点马虎。但是，随着年纪的增长，我才发现有些道理在生活中根本行不通，有些事情根本不像我想的那么简单，身边的人也并不如我想象中的那样完美，我真不知该怎么办才好。大概从小学四年级开始，我开始感到失落，变得不敢跟别人交往，用厚厚的茧把自己严实地包裹起来，再也不敢展现真正的自我。我每天坐在自己的座位上，从不敢随意走动。除了我的一个最好的朋友，我不敢与其他人多说话。那种感觉，真的可怕极了。

后来，小学考初中时我考了全市第一名。这使我重新有了自信，我开始不那么怕与人交往。但我却发现同学们懂的真是太多了，可以说一个比一个“圆滑”，而我自己却单纯得可怜，常常四处碰壁。没办法，“适者生存”，我尝试着去改变自己，虽然这很难。经过初中三年的努力，我自以为心智已经比较成熟了。可是到了高中，我发现环境比初中时又复杂了许多，再加上我的学习成绩已经大不如前，我又一次失去了自信。

我是一个非常坚持原则的人，是对的我会坚决去做，不对的坚决不做，而且我对每个人都是百分之百的真诚，真不明白我这样一个近乎完美的人，在处理人际关系上为什么比别人还要头疼？学习了钱钟书先生《伊索寓言》这篇课文后我才找到了答案。他说：“我认为寓言要不得，因为它把纯朴的小孩教得愈简单了，愈幼稚了，以为人事里是非的分别、善恶的报应，也像在禽兽中间一样公平清楚，长大了就处处碰壁上当。”于是我又一次试图改变自己，使自己变得有很深的城府。但我发现真的做不到，我无法违背自己的原则。

算了，我劝自己别想那么多了，还是好好学习吧，我试图从学习中麻痹和解脱自己。但每天都要发生那么多事情，我根本无法安心投入到学习中去。都说女孩大了心容易散，我发现我的心已经散到不可收拾的地步了。

我是非常好强的，眼看着学习成绩一步步地滑坡，又想想辉煌的过去，我觉得自己简直是第二个方仲永。我在别人面前抬不起头来，我强烈的自尊心已经脆弱到一碰即碎的程度，我常为了别人一句不经意的话而难过甚至痛哭半天。我愈来愈觉得自己一无是处，好像什么都不如别人。我开始逃避，逃避作业、逃避考试。但这根本不是解决问题的办法，以后怎么办？我真的不甘落后。我的精神一天天崩溃下去，我找不到坚强甚至活下去的理由。我变得消极悲观，我渴望死亡，渴望永远的超脱。我觉得自己简直就是社会的寄生虫，我每天都在自责：我真是一个没用的人。生活对我来说是一种痛苦的煎熬，我最大的也是唯一的愿望就是尽快离开这个不属于我的世界，并且在临走之前把我身上所有能捐的器官都捐献给需要的人，我想这也许就是我为这个社会唯一能做的一点贡献吧。

但每次我又犹豫，我走了以后我的家人该怎么办，他们将为我承受多大的痛苦！一直都有一种强烈的责任感在支配着我，使我勉强活下去。这种苟延残喘的日子实在太痛苦太痛苦了，我的情绪已经落入了历史最低潮。大势已去矣，前途又那么渺茫，有时候我真是欲哭无泪。我的心在茫茫大海上漫无目的地漂泊，没有导航灯，也找不到一个温暖的港湾，对家庭的责任感是唯一可以扶着的木板，一旦松开它就将永远沉入深海。我的心真的好累好累……

沉甸甸的痛苦！

我思考再三，发现困惑的孩子们都有一个怪圈：做好孩子太累，做坏孩子又太罪，心中有一种罪恶感。

走出这个怪圈，才能走向真正的成功与幸福。

其实，“跳一跳，够得着”的目标，才是通往成功的捷径。

怪　圈

有一次我接到一个女子的电话，她是桂林市一名优秀的教师，培养出来的优秀学生不计其数，却教不好自己的孩子，孩子已经上初中了。小时候相当优秀，钢琴通过十级，参加奥林匹克竞赛得过大奖，围棋第一名，演讲第一名，考什么都是第一名。那时她觉得儿子是她最大的骄傲。

可是上初中后，儿子却变成了全校最坏的学生，成绩下滑，纪律最差，她真的是百思不得其解。

看了《赏识你的孩子》这本书后她找到了原因。

这本书她看了一夜，泪流满面，天亮时，眼睛都肿了，她说我知道了，是我出了问题。

原来儿子当初的成就都是打出来的，儿子弹钢琴时，她手握一条皮鞭站在旁边，她认为她是爱孩子的，且这种爱是一种升华了的为孩子好的爱。

陀螺不抽就不转。初中住校后，没有了父母的管制，如同弹簧去掉了压力，他一下子成了全班纪律最差，学习最差的学生。

“我该怎么办？”她几乎痛哭着问。

我说：“你应该发自肺腑地向孩子道歉，今天的一切，不是孩子的错，是你的错，你是爱他的，但是你不知道怎么爱他。”

母亲懂了，她找了个机会，在一次家长会上当众向儿子忏悔了。

母子抱头痛哭，儿子一下子觉得有希望了，妈妈开始转变了，激动之余，儿子表示要在联欢会上弹一首钢琴曲，送给妈妈，因为一个和蔼可亲的妈妈又回来了。

可就在演出那天，他妈妈打来电话，出事了。

孩子说他上午不想去学校，原来当天下午就是联欢会了，他在联欢会上要弹曲子，想留在家里练一练，因此要妈妈替他撒个谎向老师请假。

怎么办?

同意吧，是帮着他撒谎！以后他要经常这样怎么办?

不答应吧，母子间刚刚建立起来的一种和谐关系会不会打破?

我当时的观点是帮他请假。

为了孩子，有时需要一些善意的谎言。

况且孩子这样做的目的，也是希望献给母亲一份发自内心的爱。

母亲接受了我的建议，为孩子请了假。结果，儿子下午的演出空前地轰动，加深了母子的感情。

好事多磨。

孩子一会儿想好，想重振雄风，恨不得全年级第一；一会儿又学不进去，就想去玩，玩过之后又后悔，自暴自弃。而且脾气极坏，在家里经常扔东西，有一次在家里看电视，觉得遥控器拿着不顺手，手一扬把遥控器从五楼扔了下去。

母亲又困惑了：深不得，浅不得。忍吧，吃不消；不忍吧，又看不下去。

进退两难。

我问：你知道孩子为什么闹吗?

她茫然地摇摇头。

“你身体上某个部位受伤了，你会怎么样？”

“会喊叫吧。”

“对，”我接着问，“要是你心情不好，会怎么样？”

“很烦躁，想发泄。”

“对了，”我拍了一下手掌说，“你的孩子现在正在给自己疗伤。这么多年来，一直处在痛苦和压抑中，如果你能看得到，他的无形生命已伤痕累累，甚至出血流脓，现在，高压政策解除了，他的闹、他的发泄正是在医治他十几年来的创伤啊。”

“可是我对他几乎已经百依百顺了。”

“正因为这样，他想做好孩子，想唤起你的信任，可一时又达不到目标，这时候他的内心相当脆弱，可能你一个眼神都能伤他。”

每个人一生中都会遇到许许多多不顺心的事，让人心情烦躁、焦虑、伤心。这时，本能的反应是找途径发泄、闹。婴儿都很会发泄，遇到不开心的事，哭过、闹过之后，泪珠没干，就忘记了，因此，小孩子的内心是最单纯的，因为没有伤痕。

我说：“如果孩子是我的儿子，我会这样说：‘儿子，我知道你心情不好，不是故意破坏，假如扔遥控器能让你心情好一点，爸爸愿意买十个、二十个遥控器给你扔，还有什么比儿子的好心情更重要的呢？’”

那位妈妈流着泪说她懂了。

妈妈变了，可孩子的情绪还是不稳定。

我决定打电话给这个孩子。

我对孩子说："伯伯知道你现在问题出在哪儿，你心里有自信和自卑两个小人在打架，你拉我扯，你争我杀。一会儿觉得自己行，一会儿觉得自己不行。为什么呢？就是做好孩子太累，做坏孩子太罪。"

"为什么做好孩子就要求自己完美呢？对自己要求苛刻，恨不得都拿第一名。可能吗？一下子变成第一名，能行吗？就好像一根小树苗不能在一夜之间成长为一棵参天大树，这违背了规律。可你又不甘心做坏孩子， 所以一旦有一天做得不好，就自怨自艾，心静不下来。"

他说："是的，我现在最多把十分之一的精力用在学习上，我也知道，我只要静下心来，学习就会赶上去。"

我说："你要做好孩子，对自己就不要那么苛刻。万一考糟了，就当不小心跌了一跤，没什么大不了，不一定要有罪恶感。"

好孩子是个极端，坏孩子也是个极端。

需要平衡。

降低对自己的要求，目标能跳一跳，够得着，现在倒数第一名，那下一次就争取倒数第二名，这样成功的可能性就很大，也符合规律。

我和那个孩子谈了半个多小时，后来他妈妈打电话过来说，那天孩子放下电话后眼里闪烁着儿时常见的亮光。

孩子终于找到感觉了。

太多的孩子陷在好太累，坏太罪的圈子里难以自拔。

好学生也罢，差学生也罢，本质上来说，都是人，都是活生生的生命。没有理由不好好珍惜。

好孩子容易陷入完美的陷阱中，父母说你次次第一真好，老师说你成绩名列前茅真好，同学们说你得到父母和老师的表扬真好。于是，好孩子便处处以最高的标准来要求自己，拼命地努力，拼命地维护自己在别人眼里的形象，生活成了一种为别人而生存的奔波，谁都满意了，唯独累了自己。

“坏”孩子，尤其是由好变“坏”的“坏”孩子，顶着父母的责骂，老师的批评，同学的冷落，心里也很苦，也想做得优秀，试着去努力，却总达不到父母老师定下的目标，心里充满了内疚和自责。随着自责一天天深入，或会走入生命的低谷，悲观厌世；或会对一切都麻木起来，得过且过。

这些，都不该是孩子的正常状态啊！

好也罢，坏也罢，又怎么样呢？

为什么好孩子不能宽容自己的一次失败呢？

为什么坏孩子不能尝试着接纳自己的缺点呢？

孩子，最重要的是你能拥有快乐的人生。

开心就好

无论是那个处处优秀的孩子，还是那个对未来绝望了的孩子，他们都活得不开心，不快乐。

为什么呢?

我常常想一个问题：我们教孩子要坚强，要有耐力，要努力，要成功，我们教孩子要尊重、信任他人，要守时，好多时候，我们恰恰忘记了最重要的一点，即教会孩子如何对待自己的生命。于是，许多看起来那么优秀的孩子，内心里却是千疮百孔，缺乏对幸福的感受能力。

有一次收到一封初二学生的信，她是各方面包括学习都很突出的孩子，老师喜欢、同学羡慕，偏偏父母不满足。她是伴着打骂长大的，有时只因做错了一道题。上初中后，挨打少了，但取而代之的是父母的口头禅："完蛋货"、"你快完了"、"笨蛋"、"傻瓜"。

她在信中写道:

"他们打我，骂我，我已经没有了当初的剧痛，只有一次又一次的心灵上的摧残，我曾经对一个好友说过：如果人的精神支柱是有形的，那么我的已经千疮百孔了，随时都有可能崩溃。

"我心灵的负担每加重一次，我就会否认自己一次，我已经不愿也不能正视现实的自己，我搞不清自己究竟在什么位置。我从来都没有这样蔑视自己，我受不了家庭，受不了父母，受不了自己的不满意。我恨考试，我恨我为什么从一上学就是一个‘超群’的孩子，而不是坏学生，不然我也不会像今天这样心灰意冷，这样绝望。一切都不能使我燃起希望、热情和信心，一切都抹不去我的自卑。我现在弄不明白我‘拼’了八年，到底为了什么？我看什么都是铅灰色的，我真希望自己得什么不治之症，让我可以带着自己的梦想和对朋友及朋友对我的爱远去……”

这就是我们望子成龙的父母“辛勤耕耘”的结果。这就是我们各方面都优秀的孩子的内心独白。

我们的教育，到底为了什么？

我们的教育，到底要得到什么？

父母管教孩子，打骂孩子，有一个冠冕堂皇的理由：为了孩子的前程。不错，前程很重要，因为这是个竞争的社会；但父母常常会忽略一个前提：前程的主体。他们常常会忽视生命本身，忽视孩子无形生命的种种渴求。当所有的目光都聚焦到成绩这一点上时，必然会出问题，好比一棵树只准长一个杈，它必然是病态的。

在孩子或高或矮或胖或瘦的有形生命之内，孕育着丰富的复杂的无形生命：这里有自尊、自爱、自强、自信，也有自卑、自轻，一个很容易受伤的世界。无形生命好比房子的支柱，一旦被破坏，就意味着整个人的毁灭。当一个孩子长期生长在批评、指责、被人瞧不起的环境中时，孩子的内心世界便会弥漫着一种深深的自卑，这种自卑会吞噬掉一个人所有的自信与努力。而我们的好多父母都在努力地培养孩子内心的自卑感。比如那个写信的女孩，父母永远的高标准和没有底限的欲望以及粗暴的教育，把她推进自卑的深渊，她多么希望得到父母的承认与赏识，但是没有，有的只是责骂。中国的父母似乎特别喜欢用“激将法”来教育孩子，生怕孩子骄傲自满，生怕孩子沾沾自喜。这也未尝不是一种苦心，只是这苦心也苦了孩子的心，他们从小就生活在压抑的阴影之下，一次又一次的努力被否定了，直到有一天，他们学会了自己否定自己。这种结果是父母万万没料到的。天知道，他们是爱孩子的，甚至超过爱自己的生命。却不知，有时候，爱也会有毒，也会毁掉被爱的对象。

广西一位培养过许多优秀学生，事迹在电视上播出、在报纸上登载过的杰出教师，却是一位失败的家长。她儿子八个月会清楚地说话，十个月可以连贯地表达一件事，两岁半能背许多古散文，能用英语简单对话，五岁获得市钢琴演奏二等奖，小学获得过全国奥林匹克赛的一、二、三等奖，初中获得市级诗歌朗诵一等奖、演讲比赛二等奖，够优秀的。

可这位母亲在来信中写道：

“我以为我为他铺就一条成功的路，可是这一切都是在我的强制下进行的，他饱尝了挨打受罚的折磨。我忽视了最根本的人性人情教育，还以为这是在培养他的心理承受能力，于是对他的打骂也逐渐升级。进重点之后，他脱离了我的管制，在学校出问题了……上课不听课，欠交作业，操行被打成丙等，成绩下降到几乎各门在60分左右……当初自信的他已找不到当年的感觉。”

真的是呜呼哀哉！

自卑是一种可怕的情感。一个自卑的孩子就不会善待自己，珍爱生命。而教会孩子热爱生命才是一切教育的根本。这本来是一个简单的道理，却在这竞争异常激烈的现实世界中被异化了。父母就认为：美好的将来=现在的好成绩。为了这“好成绩”不惜摧毁孩子美好未来所要具备的心理：乐观与自信。他们以为成功地考上一所名牌大学，一切都会有的，似乎好心情俯拾皆是。错了。正如，冰冻三尺非一日之寒，一旦结冰要融化何其困难。而下一个阶段的竞争，又一次嘲弄了父母的教育：这个世界越来越看重人的心态。遭受挫折是每一刻都会发生的，那么，你承受得了吗？你能坚强乐观地面对每一次失败吗？若能，那你是个强者，你必能坚持到成功的那一天；若不能，只有接受淘汰。而这种心理素质就来源于最初父母的教育。如果把心理素质比作一棵树，那责骂型父母教育的结果使树上留下了道道伤痕，越来越弱不禁风；赏识型的父母却在不断地为树浇水施肥，让树枝繁叶茂，足够迎接未来的一切风风雨雨。

如果天下的父母都敢说哪怕天下所有人都看不起我的孩子，我都会眼含热泪地拥抱他、亲吻他、欣赏他，为自己创造的这个生命而自豪，那这个世界就是孩子的天堂。

考不考一百分不重要，重要的是要相信自己是考一百分的料。

满分人

社会、家庭、学校的重重压力都压在了孩子身上。三重压力下的孩子内心也异化了。

有一次在上海的一所中学里作报告。报告的对象是一群临近考试的初三和高三的孩子。

报告会安排了一半的时间给孩子们提问。

问题递上来，大同小异：

"考试越来越近，我心越来越空，怎么办？"

"考场上万一一片空白怎么办？"

"夜晚总是睡不着觉怎么办？"

"父母借了许多钱供我上学，考不上大学怎么办？"

…………

我心里沉甸甸的。

我说："孩子们，我不想回答你们的提问，错误的问题没有正确的答案。我没办法回答你们的问题，是因为你们太功利，都是一群胆小鬼，不敢面对失败。

"你们这个样子，即使上了大学，成功了，也找不到人生的目标，永远不会幸福。小时候，学走路时，你们没有一个人害怕失败，可现在却个个变得害怕失败，只有不怕失败的成功才是真正的成功，只要你热爱生命，热爱生活就没有输的时候。为什么有的人上了大学仍然一败涂地，庸庸碌碌，因为他们害怕失败，害怕尝试。

“我希望你们永远记住一句话：考不考一百分不要紧，重要的是要相信自己是考一百分的料！”

当你考试失败的时候，当你人生失意的时候，你不妨到野外去走一走，转一转。去找最小最小的野花，用你的双眼久久地凝视它。这样一朵小小的花儿，头顶着蓝天白云，充满激情地绽放着生命的光芒，尽管它小得难以令人欣赏，但它仍旧热爱自己的生命。而我们作为万物之灵的人，有什么理由渺视自己的生命呢？

拿破仑有一句名言：只有想做元帅的人，只有相信自己有元帅才能的人，才有真正做元帅的可能。所以，他军队里每个士兵的背包里都有一根元帅的拐杖。

拿破仑正因为拥有这些想做元帅的士兵，才征服了欧洲大陆。正如他后来所说：我之所以比阿尔卑斯山高，因为我站在它上面。而他的想做元帅的士兵们就是他的阿尔卑斯山。

在战争年代，我们培养勇士。

在和平年代，我们培养人才。

大道相同。我们培养人才的目标不该盯着一百分，而是始终相信自己是考一百的人。小学考不到一百，有中学；中学考不到一百，有大学；大学考不了一百，还有社会；这一行考不了一百，还有其他，关键看你是否相信自己是考一百的料。

当年我教女儿时，无论女儿考多少分，我都始终让她找到考一百分的感觉。

分析试卷，出错不外乎三种原因：一种是会做但因为粗心没得分，一种是本身就不会做，还有一种是时间不够来不及做。

属于第一种，我对女儿说，太好了，这是潜能分，只要改正了粗心，加快了动作就行了。

属于第二种，我对女儿说，太好了，这是目标分，找到了不会的题目就好比找到隐藏起来的敌人，找到了敌人，胜利还远吗？

属于第三种，我对女儿说，太好了，这是效率分，下一次动作再快一点就可以了。

每一次分析总能让女儿心情激奋，坚信自己是考一百分的人，坚信自己是干大事的人。若干年后，女儿说："当年爸爸对我的这种教育，小的时候好像没有什么感觉，等我16岁上了大学，离开家，自己面对一些挫折的时候，爸爸常说的那句'你是干大事的人'的话就会在我心里响起，马上就有一种力量升起来，我是干大事的人，还有什么困难不能克服呢？"

如果天下的孩子，都相信自己是考一百分的人，那教育就真的到位了。

曾经有一位伟大的科学家回访母校，受到了热烈的欢迎。母校的领导意欲为他介绍学校里最优秀的学生，可是他却提出要见学校里最差的学生。当那位全校公认的差生忐忑不安地站在科学家面前时，科学家抚摸着他的头，半晌无语。良久，科学家才对孩子说："你知道吗？若干年以前，我就跟你现在一样，站在最后一名的位置上。可是这没关系，关键是要热爱自己的生命。你要永远相信，你也是拿第一名的人，你也能取得我这样的成绩。"

良言一句暖人心。

一支军队有千军万马，总有人跑在第一，总有人落在最后，可是因为每个士兵都坚信自己也可以当元帅，所以即使落在最后，也奋勇作战。现在的应试教育，使得孩子即使考了第一名也战战兢兢，害怕下次考试有哪个同学会超过自己，那可就天崩地裂了。有一位同学说出了她的切身体会："最后一名害怕失败，第一名更怕失败。"如果连第一名都充满焦虑，这样的军队哪里还能打胜仗呢？

我们都应该像拿破仑的士兵，不要在意自己是不是最好，而要相信自己是能够做得最好的人。日本的一个心理治疗所，专门治疗破产的百万富翁。这个诊所把那些从高峰一下跌落到低谷的人集中到旷野上，让他们在七天七夜里不停地大喊："我能行！我没完！"等这些人重新回到城市里时，他们的精神面貌已焕然一新，准备东山再起。

大人们常说：孩子，你现在是学生，学生的主要任务是学习。于是在学习上的成败成了衡量学生生命价值的最大砝码，这砝码倾斜的结果甚至是生命的消失。

曾经有一个孩子，面临高考，担负重望。他努力了，尽心了，可是失败了。

在父母老师的叹息声里，他感到自己活着已轻飘飘的毫无价值。他想离开这个世界。

死之前，他想了结自己一个心愿：看看祖国的大好河山。

他拿走了父母一些钱，留下一封遗书，就出发了。

不知是哪一天，他经过一个村落。一个池塘边围着一群孩子，正大喊救命。原来一个孩子落水了。

他飞快地冲过去：反正我也不打算活了，临死之前就救别人一命吧。

孩子被救上来了，他也被闻讯而来的大人拉上岸。全村的人都对他感激涕零，赞美、夸奖扑面而来。

他成了大英雄。

他们执意把他挽留下来，请他吃饭，请他给孩子们讲大城市的事。

他沉浸在一种前所未有的幸福中。

原来，生命的价值并非只系在分数上。

原来，人生也并不是不可失败。

他想通了。

若干天后，他离开了村庄，勇敢地踏上了回家的路。

现在，美国有一种新的哲学观点认为，失败是推动美国高科技的真正动力。在未来的世界里，只有敢于面对失败的人才能成功。不敢面对失败的人，就算眼前成功了，最终还是不可避免地落入失败的万丈深渊。

全国教育劳动模范刘京海说过：一个人一生最可悲的就是当他走进坟墓时，还不知道自己的潜力有多大。恺撒大帝教育士兵只用三句话：我来了！我看见了！我胜利了！他的士兵从未想过失败，始终充满信心。所以对于每一个孩子来讲，都应该为自己的生命自豪、骄傲，不要仅限于分数，不要因为分数的不如人意而垮掉，被分数所驾驭。要让自己在轻松愉悦的心境中，充分发挥自己的潜能。

一位教育家给一群少年犯上课。他痛惜这些孩子误入歧途，也希望他们能重新做人。他走进教室时，故意摔了一跤，引来了哄堂大笑。他站起来，沉静地扫视着哄笑不已的孩子。等到安静下来，他才缓缓地说道："同学们，你们知道我刚刚为什么会摔倒？其实这正是我为你们上的人生最重要的一课：一个人随时可能跌倒，但仍然可以站起来！”

这也是我想对所有害怕失败，曾被失败击倒的孩子要说的话：

一个人随时可能跌倒，但仍然可以站起来！

我希望每个孩子都知道：

天生我材必有用，最后一名也自豪！

孩子，永远别怕！

自信带来生命状态的飞跃，飞跃让孩子更加自信。孩子需要走进这样一个良性循环。

让生命飞跃

一个自信的人，一个相信天生我材必有用的人，一个相信自己是考一百分的人，就好像天地间饱吸日月精华的大树一般，充满勃勃生机。

自信能带来生命状态的飞跃。

曾听一位编辑说他的家庭琐事。

自己是总编，好歹算个知识分子，总希望女儿好好读书，将来有所出息。

可自打女儿上初中以后，成绩总考得不理想，本来，女儿的情绪就十分低落，急需家人的鼓励支持，哪知妈妈的话像一盆泼过来的冷水，从头凉到脚。“我看你啊浑身都是缺点，小学时不如你的同学现在都比你好。”女儿咬了咬嘴唇，想辩解几句，可又没说出来，眼里噙着委屈的泪花。

从此，融洽的家庭气氛破坏了，女儿见到母亲时再也没有灿烂的笑容，而是垂着头，从一旁绕过去，俩人都憋着一口气，能几天不说话。妈妈后来回忆这件事就摇着头说：“本想气气女儿激发她的斗志，但这样做真的很残忍。”

女儿毕竟是自己身上掉下来的肉，谈过几次心，妈妈说：“我是为你好，你现在考出好成绩，将来才能出人头地。”女儿说：“我也想考好成绩，可就是提不上劲。”……说来说去总觉得两人间生出了一层透明的膜。

看着妈妈愁眉不展的神情，哪个女儿不想让妈妈高兴，为了妈妈的笑脸，女儿拼命地学，连上厕所的时间都不放弃，看书经常到十一二点，连做梦都梦到自己考第一，可是事与愿违，考试成绩总徘徊在二十多名。妈妈知道后像泄了气的皮球，心想这下没指望了。

事情终于发生转机，因为学校电视台要招聘一名总策划，女儿对电影、电视感兴趣，听到这个消息跃跃欲试，可这项工作要花费大量的精力，妈妈会答应吗，心里没底。

刚听完女儿的叙述，妈妈第一反应是这怎么行，在她眼里只有成绩优秀才是好孩子，其他都是假的，可望着女儿期待的目光心又软了，转念一想，不如让她试试吧，反正她现在成绩也上不去。

“我支持你。”妈妈的决定出乎意料，女儿兴奋地跳了起来，就像在辽阔的海面上突然发现从地平线上冒出一艘航船的桅杆。

为了竞争这一岗位，女儿开足马力，全速前进。一度黯淡无光的眼神又充满了自信。妈妈也利用自己的专业做她的高参，帮她策划出点子，准备资料。有了妈妈的帮助，在辩论会上，女儿口若悬河，如愿以偿地当上了总策划。

刚上任就干了件漂亮的事，适逢市领导来校参观，她抓住这一时机就减负问题对市长进行了采访，当晚就在电视新闻里播放了，这一下全校轰动了。校长都夸她能干，在同学面前也露脸了，本来就1米53的个子，不起眼，认识她的同学也不多，这一下走到哪儿都有人在说：“上次采访市长的那个人就是她。”说得她心里美滋滋的，那感觉好极了。

几个节目做下来，她的手下也有了二十多人，兵强马壮。她个子虽然最矮，但职务最高，每次采访前呼后拥，指手画脚，还像那么回事，台里的人也不喊她的名字，而亲切地称她为“李导”。

女儿的表现让妈妈大吃一惊，没想到女儿这么能干，在家里也不时地对她竖起大拇指，春回大地，欢笑又回到了这个家庭。

自信带来了生命状态的飞跃，这种自信迁移到学习上，她的成绩也提到了前十名之内。

一所小学来了一群外国专家，听说这些专家看一眼交谈几句就能知道谁智力超群。

校长兴致勃勃地请专家指出学校里的神童。那些专家走进一间教室，随意地指了几个孩子，他、她、他……

老师傻眼了，同学傻眼了。

怎么可能？专家所指的这些孩子都是平时老师点着额头骂笨蛋的对象啊。

那些被指到的孩子处在一种震惊与极度惊喜之中。一下课，飞也似的奔回家，向父母宣告这惊人的好消息。

尽管父母和老师一样不敢相信，但看着孩子眼里亮晶晶的神情，都不禁怀疑自己了，愈来愈觉得孩子不同寻常。接下来，这些“神童”果然不负众望，在极短的时间内脱颖而出。那些孩子以优秀的成绩从小学毕业，各自进入了重点中学。

五年后，那些专家再度访问这所小学。

校长重提当年的那个困惑：“你们是怎样看出那些孩子是神童的呢？”

专家们哈哈大笑，他们说：“我们哪里知道什么神童不神童，不过随手指了指而已。”

这也是个真实的故事。当孩子心里觉得自己行的时候，生命便开始发生奇迹般的变化，这种变化就像小鸡出壳，在那个似乎没有缝的壳里其实正活跃着一个生命。

如果你喜欢伟岸，那就做一棵大树；

如果你喜欢纤小，那就做一株小草；

如果你喜欢五彩缤纷，那就做一朵鲜花；

如果你喜欢奔腾不息，那就做一条大江；

如果你喜欢轻声细语，那就做一条小溪；

重要的是，你就是你，自信的你。

在学习中跌一跤没关系，爬起来继续前进。

从差生的阴影里走出来

有竞争就会有失败。其实生命的孕育不亚于一场宇宙大战。成千上亿个精子争夺一个卵子，才有了我们。

没有人能保证自己永远成功。失败是正常的人生经历，从我们第一次跌倒，从我们第一次考不及格，我们就品尝着失败。

在成绩的竞争中，出现了优生与差生。

差生并不可怕，怎样从差生的阴影里走出来呢？

其中有一位同学是这样描述自己的：我的成绩总在倒数十名徘徊，座位也总是倒数两排，这注定了我在老师和同学眼中是个灰色人物，或者叫做“差生”。其实我觉得自己挺不错的，性格开朗，作业写得还可以，歌唱得很棒，球技也蛮高超，但无奈的成绩总让我抬不起头来。我也曾出过风头，那是元旦晚会上，我抱着吉他唱了一首《童年》，许多同学夸我唱得好，连老师也夸呢，这让我幸福了好几天。但这种幸福感很快就消失了，因为期末考试后，同学和老师的脸色告诉我，成绩不好，歌唱得再好有什么用？

青春好比蓬勃向上的大树，有着许多自由发展的树枝，成绩只是其中的一个枝杈，如果掐掉孩子画画的枝，掐掉喜欢课外活动的枝，掐掉爱音乐的枝，只剩下一根分数的枝，那这棵树还美吗？

走自己的路，让别人去说吧！

不是横向比，而是纵向比，与自己的过去对照比较，挖掘自己的潜力。讲一个小故事：

教师在手工课上布置做一个小木凳，爱因斯坦只做了一只粗糙简陋的小凳，其中一条凳脚还做偏了。

“就这个呀。”老师失望地摇摇头。

“同学们，有谁见过这么糟糕的凳子？”

同学中爆发出一阵嘲笑声，老师又看了爱因斯坦一眼，生气地挖苦道：

“我想世界上恐怕没有比这更差的凳子了。”

教室里又传出了哄堂大笑的声音。

爱因斯坦满脸通红地站了起来，大声地对老师说：

“有，老师，有的，还有比这更差的凳子。”

教室里一下子静了下来，眼睛刷地聚在爱因斯坦身上，只见他从书桌里拿出了两只更为粗陋的小凳子。

“这是我第一次和第二次制作的，刚才交给老师的是第三次做的，虽然它并不好，可比前两只还强呢。”

正是这种百折不挠的自信，让爱因斯坦成为一代科学巨匠。

从差生的阴影里走出来，除了这份自信，还要有一定的谋略。

我在南昌作报告时，一个父亲拉着我的手说：“《赏识你的孩子》我看了三遍，每次看完后都睡不着觉，我的感觉就是四个字——大彻大悟。”

以前他是一位信奉不打不成才的父亲，儿子一道题不会做，问了一句，便遭到一顿暴打，“你在学校不努力，下次不许再问了。”结果儿子遇到问题不开口了，但心里有话也不和父亲说了。

父亲非常爱儿子，深感自己被“文革”耽误了，把所有的希望都放在了儿子身上，当看到儿子不称心时，就火冒三丈，他曾说过一句话：就是一头牛也能打顺，为什么孩子打不顺呢？

随着年龄的增长，父亲打不动了，上初中的儿子非但没有被打好，反而更加与父亲对立，并且不愿住在家里，嚷嚷着要上寄宿学校。

父亲困惑了，意识到自己出了问题，可又无从下手。《赏识你的孩子》让他幡然醒悟，他一定要让孩子见见我。

孩子靠着母亲坐着，看得出来他在母亲身边有安全感，被打大的孩子时常会感到压抑，不太愿意敞开自己的心扉。

我递给他一张名片，以拉近与他的距离。

话题从这本书开始。

“你觉得父亲最近有变化吗？”

“有，他和我交朋友，把我当大人看，和以前不一样。”

以前儿子要和母亲说话时，都要把门关上，不让父亲听；星期天三人逛街，儿子不愿意和父亲一起走，父亲要走这边，儿子就一定要看那边，总是闹得不欢而散。

我乘机“赏识”父亲，让孩子理解父亲的一片苦心。

“爸爸多伟大，这么短的时间变化这么大，很多这个年龄的人都无法改变自己的理念。”

父母最烦心孩子的学习，家庭的和谐程度往往因孩子成绩的升降而有起有落，父母往往认为孩子成绩上不去是因为不努力，因此拼命地给孩子加作业、找辅导老师，可结果适得其反，孩子的求知欲被破坏了，弄得孩子不想学习，而我要做的是保护孩子在学习上的自信心。

我问孩子："你在学习上花了多少精力？"

孩子想了想："40%在学习上，其他都在玩上。"

"你们看看这孩子潜力巨大，现在只用了40%的精力，如再增加20%就能达到中等，再多花20%就能达到中上等，不像昆明有个孩子，从小学一年级开始就冲刺，把整个心思放在学习上，门门功课都考第一，结果到初一紧张过度疯了。而我相信你，要么不冲刺，一加油肯定跑到前面。"

孩子成长的动力不是打骂、抱怨、指责，而是信任、感动、幽默。

学习的信心找到后，就要给孩子具体的支点。

"孩子，你想知道学习的窍门吗，首先跳一跳够得着，现在你排多少名？"

"40名。"

"那么下次的目标是谁呢？就是追赶前一名的人，超过39名，每次进步一点，看得见，摸得着，积小胜为大胜。"

孩子心想这还不容易吗，我一定能达到。

其实，易易易，难变易，难难难，易变难。学习需要付出艰苦的努力，这无法回避，但学习又应当是快乐的，不能以吃苦为目的。古人推崇苦读，不易为孩子接受，更不能成为持续的动力。现在我们要反过来思考，提倡快乐而轻松地学习，做学习的巨人，居高临下地俯视学习，而不是仰视。这样让孩子从每一步前进中感到克服困难的愉悦，收获成功的喜悦。

对孩子来说，信心比方法更重要。

还要允许失败，幼儿学走路是在无数次的跌跤中摔打出来的，坚定地迈开了第一步、第二步……在学习中跌一跤没关系，爬起来继续前进，不要因为跌了一次跤就认为自己不行了，失去了信心。

“你现在对学习有信心吗？”

“有。”孩子的眼睛充满了坚定的神情。

临走前孩子附在我的耳边悄悄地说：“我以前不想看到我爸爸，所以不想回家，现在我想回家了。”

如果你正面临老师的偏见，那也不是世界末日。生命中偶尔飘过的一朵阴云，也许正是另一道风景。耸一耸肩告诉自己：我相信你！

没什么大不了

自信与自卑都同时隐藏在孩子的潜意识中，自信不等于没有自卑，而是战胜了自卑。相反，自卑不等于没有自信，而是掩盖了自信。一次挫折，可使孩子变得消沉、气馁，也可使一个孩子变得坚韧顽强。

一位心理学家讲述了他童年的故事。

他小的时候，最开心的事情莫过于受到老师的表扬，最不开心的事情莫过于受到老师的批评。但如果同时受到不同老师的赞扬和批评，又会有怎样的感觉呢？

赏识，使他的地理课学习进入了良性循环，地理成绩名列前茅；而偏见，使他的数学课学习进入恶性循环，对数学的兴趣锐减。他把这两种感觉比喻为春风和阴云。

讲述完故事后，他在心理分析小结中感谢地理老师的赞美，给了他巨大的力量，促使他最大限度地发挥了潜力，直到现在，还非常喜欢地理学方面有关的书籍。

有意思的是对数学老师的客观评价。数学老师的歧视限制了他潜能的发挥，使他一直怨恨那位数学老师对他的不公。但随着岁月的流逝和自己阅历的增长就不再怨恨了，反而感激那位不喜欢他的老师，使他体会到什么叫失宠。他需要有这种体验来防止得宠于其他老师而头脑发热，忘乎所以。

人一辈子不可能让所有的人都喜欢自己，满意自己，老师的批评指责，有则改之，无则加勉，权当是对自己的一种磨炼罢了。

千里之行始于足下。现在就出发！

改变从现在开始

在学习上遇到挫折的孩子很容易陷入三种困惑：一味地自责而不去行动，不能接受现实，想改变现状却不能坚持到底。这些都说明孩子内心缺乏一种自信。

这里有几封不同年龄段孩子的来信。

一位初中的孩子：

“本学期的期中考试成绩一出来，差极了。平时那些嘻嘻哈哈的同学都考得很好，我望着那一串红红的数字发呆了。老师那鄙视的目光，父亲那严厉的骂声也随之而来。我的信心彻底失去了。现在我害怕考试，害怕呆在教室里，害怕和高不可攀的同学玩。最近，又发现自己的记忆力急剧下降，连最基本的英语单词，脑细胞都不肯容纳它们。怎样才能找回自己？我现在真觉得生活好累好累。”

这属于第二类孩子。我在前边已经说过，失败并不可怕，可怕的是不能接受失败的现实，生命还有很长的一段路要走，孩子，从哪里跌倒就从哪里爬起来！

另一位孩子：

“父母对我很关心，生怕我营养跟不上，总是从家里大老远的给我送饭送菜添营养。他们说是顺便，其实是拿着饭在车上颠簸一个多小时还要走一段路才能到学校。我很害怕自己高考失败，他们会承受不了。我更撑不起。高二分文理没考上文科，父亲非常气愤，从来没有打过我的他抓起书就往我身上扔。后来交了许多钱才上了文科。那段时间，我很努力，心态也很好，可惜，这只持续了很短一段时间，后来就是上课打瞌睡，下了晚自习又想睡觉。可又觉得对不起父母，只好捧着书心不在焉，毫无效率地熬到12点才睡觉，第二天又继续打瞌睡。我总是发誓明天将如何如何努力，可又发现每个今天都是在重复着昨天。我想改变这样的坏习惯，可一拿着历史、政治的书就是半天看不进一个字。我试着去想大学生活的美好去刺激自己，可仍旧看不进一个字。有时我觉得自己很烦，一会儿看不惯周围的同学，一会儿看不惯终日开心的同学，我自己都讨厌自己。”

这属于第一类孩子。这种做法最要不得，自己就好像是一座城堡，而自责就是在自己攻破自己的城堡。如果你恰好就处在这样一种状态中，那么我建议你放下手中装模作样的书本，站起来到室外去，看看天空中的星星或者远处的风景，深呼吸再深呼吸，生活如此美好，有什么难关不能渡过?

至于第三类孩子就更多了。

我想说的把握今天，把握自己，从现在开始，相信自己能行。在前边提到的“伴我雄心”训练营里，孩子们都深刻体会到了这一点。

一个孩子在日记中写道：

“早晨起床后，同以往一样进行军训，吃过早点，我们便效仿红军二万五千里长征，进行了一次远行。那个时候，真的好苦！我们同教官一同走出营地，穿过青山间泥泞的路，过了麦田、大路，又沿着蜿蜒盘旋的山路，大步地向上登。那个时候什么过多的思维都没有了，脑子里只有一个愿望，那就是快一点到目的地！努力地挺过去！成功已不会那么遥远！我就是靠着这个信念走着终于回到了营地，现在回想起当时，还好辛苦的！据教官说：我们共走了15公里！是15000米啊，也算是一次小型的长征了。也不知当时是怎么挺过来的，唯一清楚的道理是：人生风雨路还漫长，前面还会有更辛苦的事在等着我们！看看昨天吧，那时觉得好像是忍的极点，可回头看看，才体会到：唯一不辛苦的一天是昨天！”

当你觉得事情似乎无从忍受，已经无法改变的时候，事实上往往并非如此，极可能是你自己夸大了困难，就像那个同学在日记里写的一样：努力地挺过去，成功就不那么遥远。

第二节　一个真实的传奇

如果孩子是一块试验田，你是否知道怎样才能种出优良的庄稼？

豆豆的故事

1999年4月《中国青年报》冰点专栏刊登了《赏识你的孩子》一文，介绍了赏识教育，在全国引起了强烈反响，许多媒体予以关注。河南的《南阳日报》5月12日全文转载了这篇文章。

豆豆妈是在烧着玉米粥的锅边读这篇文章的，她立即被吸引住了：这种教育太好了！周弘能把聋儿教育成才，我的儿子聪明活泼，为什么不能呢？想得入神。竟忘了搅拌，结果把玉米粥烧糊了。

豆豆妈后来跟我说："这张报纸简直是从天上掉下来的。我觉得儿子真有福气，当时正为儿子的教育一筹莫展，看到报纸后眼睛一亮，儿子跟周老师有缘，可以说这张报纸改变了儿子的一生。"

豆豆1991年出生于河南，母亲的文化程度为高中，父亲仅为初中。豆豆学龄前未接受早期教育，父母让他尽情地在乡间田埂中玩，享受童年的快乐，释放着孩子的天性。从教育的角度看，虽然错过了潜意识塑造的最佳时机，但孩子的灵性在大自然中得到了保护，他的性格活泼、开朗、大方。

虽然豆豆上一年级时不会拿笔，写字动作缓慢，但父母出于本能的爱和对孩子的宽容，并未给孩子过多的压力。外婆还说过一句话：“不会拿笔有什么关系，我一辈子还不识字。”儿子在宽松的环境下凭着灵性和自身的努力，成绩始终在班上名列前茅。

一年级考得好，二年级也不能差，攀比使父母的心理发生了微妙的变化，母亲把眼光仅仅盯在了分数上，关注点集中在儿子的不足之处。“常在河边走，哪有不湿鞋”，儿子一次测试不及格，老师一个电话把父母“招”到了学校，把卷子啪地摔到母亲的面前，嘴上还唠叨着：考得这么差，回家好好管管这孩子。母亲的脸红一阵白一阵的。

这时，豆豆妈所在的工厂正处于风雨飘摇之中，她面临着下岗。在接儿子回家的路上，两人失去了往日的快乐，无言以对。到了楼下，她不知从哪儿来的力气，把儿子从一楼“拖”到了三楼家里。

一进家门，母亲强忍的泪水夺眶而出，她一把抓起了扫床的笤帚，狠狠地打了儿子。豆豆的世界变了样。

在儿子惊恐的眼里母亲仿佛变了一个人。“这是以前的妈妈吗？妈妈不喜欢我了吗？”儿子担心就此失去妈妈的爱。他惊恐地跪在地上，抱着妈妈的腿，哽咽地说：

“不要打了，不要打了，我考好就是了。”

母子抱头痛哭。

睡觉时，母亲坐在儿子的床边，看着睡梦中哭肿了眼睛的儿子，心都揪住了，后悔、伤心、内疚和期翼一起涌上了心头。

豆豆妈后来说："晚上气得没吃饭，我不该打骂孩子，但不打骂孩子他能学好吗？我今后该怎么做？"她仿佛走在黑暗的隧道里，不知光亮在哪里。

《赏识你的孩子》的文章让她豁然开朗，就像个寻宝人找到了金矿一样欣喜若狂。

她在当天的日记里写道：

拿着报纸看着，回顾以前的教育方法，我深深地反省，多悬呀！如果没有这张报纸，没有周弘，按照以前不打即骂的方法，儿子以后说不定会被我们教育成什么样呢？

豆豆是顽皮，爱逞能，他能把大他几岁的孩子指挥得团团转，只要他在外面玩，要不了多久就会有人向我告状，他又怎么怎么了，我一听就来气，他一进门就是一顿骂或打。学校老师见我也说他特别爱动，爱说话影响别人。

对照赏识教育方法，豆豆妈真后悔以前怎么没有发现豆豆的优点呢？

她决定把豆豆作为赏识教育的试验田，看看是否能种出优良的庄稼。

全新的教育方法产生了意想不到的效果。

胜利大逃亡

开学第一天，豆豆在学校参加跳级考试，母亲在学校门口等他，心里怦怦直跳。

老家是个小地方，一条主干道横贯县城也不过长约5里。中午豆豆考试合格，跳级上四年级的消息像风一样传遍了县城。

母亲长舒了一口气，一块石头落地了，赏识教育的方法还真“中”，一个暑假就学完了三年级的功课。

临近期末考试，儿子在父母的“赏识”下，心情舒展开来，状态越来越好。期末考试语文得了99分，数学得了98分。

豆豆妈原以为只要严加要求、严加管教就能教育出一个“比尔·盖茨”，其实这不符合教育的规律。赏识教育让她尝到了甜头，增添了她的信心，她想更上一层楼。

豆豆爸也说：咱自己的孩子，自己有数，这孩子就是活泼些，可这也不是缺点，关键就看咋引导。

要放假了，赏识教育成了家里的中心话题。一张报纸不知看了多少遍。豆豆妈和她爱人经常为此讨论到深夜，他们渐渐萌发了让孩子跳级的念头。一来儿子平时太顽皮，整个暑假那么长时间在外面玩，大人不放心；二来他前面的课程学得不太吃力，有一定的基础。可儿子会答应这个要求吗？

一天晚饭后，豆豆妈给儿子念这篇文章，他听得全神贯注，并不时地点头惊呼：“妈，婷婷姐咋这么厉害！”当听到婷婷为了学说话所经受的磨难时，他流出了眼泪，说："婷婷姐真可怜。"当听到婷婷会背圆周率小数点后1000位数字时，他也充满信心地说："我也要背。"赏识教育已经点燃了他的自信心。

看着孩子跃跃欲试的表情，豆豆妈因势利导地说：

"孩子，以后爸妈的教育方法要改变，我们不再打你、骂你、吓唬你，但你必须积极配合。咱们以后也做好朋友，好不好？"

孩子感动地点点头：

"妈，你哪儿都好，我也知道你爱我，可你发起火来吓死人，你要是把我当朋友，我就听你的话，好好学习。可你得让我玩，让我看电视，让我睡觉，要不就没劲。"

其实孩子都非常宽容，他们的要求只有一点点。

看到时机成熟了，母亲就抛出了自己的想法：

"行，以后我尽量克制自己，少发火到不发火，但学习不能耽误。咱们在暑假学习三年级的课程，好不好？"

"好，但不要强迫我。"豆豆爽快地回答。

豆豆妈趁热打铁，继续说：

"让你学习是减轻你的负担，三年级的作业太多，你表姐是班长，每天作业都要写到11点，咱这样做等于是逃避作业'大山'。"

豆豆心想三年级的作业确实多，这样可以不做作业，就愉快地答应了。

母子就这样迈出了历史性的第一步。

豆豆妈的做法很聪明，她没有逼着孩子跑，而是让孩子发自内心地去做，因为她从赏识教育中悟出要信任、尊重和鼓励孩子，让孩子快乐地学习。

培养教育人和种花木一样，首先要认识花木的特点，区别不同情况给以施肥、浇水和培养教育，这叫“因材施教”。

——陶行知

找啊找啊找啊找

骄阳似火，马路上柏油快晒化了。

小桌旁立着两张小凳，借来的小黑板挂在墙上，芭蕉扇不停地扇，可胳膊沁出的汗还是濡湿了草稿纸，条件可谓艰苦之极。

豆豆睁开眼睛，伸伸懒腰，已是上午9：30，洗漱、吃完早饭后开始学习，每天学六到六个半小时。晚上时间则“卖”给了电视机。

早晨睡懒觉，晚上看电视，儿子提出的理由非常充分：休息不好就学不好。

刚学了两天就遇到了问题，三年级的课文比一、二年级长了，生词也多了。豆豆妈试着用传统的方法来教他，比如语文采用中心思想、段落大意、解释生词等方法，可发现进度缓慢，效果不理想。儿子的兴致像泄了气的皮球瘪下来了，皱着眉头嚷嚷：“烦死了，烦死了。我讨厌语文，谁发明了文字？”

“就此罢手吧，这么操心，还不如让儿子在暑假多玩玩。”可这个念头在脑子里一闪也就被否决了。豆豆妈这时有强烈的愿望：让儿子像周婷婷一样成为“神童”，我现在的处境不如同学，可一定让儿子超过他们的儿子。

这时豆豆妈想起赏识教育观点：没有种不好的庄稼，只有不会种庄稼的农民。她没有去责怪孩子，而是把眼光投向自身，孩子不愿学，是我没找到合适的学习方法。

书籍能点燃希望之火。她一头扎进县图书室。从高中毕业后，她就从未踏进图书室的门，而现在为了儿子不学不行啊。孩子的成长带动了母亲的成长。

《学习的革命》一书引起了她的注意。她的目光停留在第四章，这章讲述如何用画脑图的方法学习外语。她把这本书借回家，挑灯夜读，反反复复看了许多遍，彻夜未眠。从中悟出一个道理：不论是哪国文字都有共通的地方，这种方法能学好外语，也能学好中文。她决定把这种方法移植到儿子学习语文上来，这也许是学语文的突破口，她期盼着能给儿子带来轻松的学习。

这样的进度令人欢欣鼓舞，那效果又如何呢？

一遍，全记住

阳光明媚，新的一天开始了。

吃完早饭，母子俩坐在小凳上，豆豆看着妈妈红红的双眼，不禁问道：

“妈，昨晚上没睡好？”

“我一个晚上都在想，怎么能让你轻松地学习。”豆豆妈停顿了一下，接着说，“妈就你这么一个儿子，也是第一次做妈妈，没有经验，但妈妈会好好学，争取做一个合格的妈妈。”

豆豆懂事地点了点头。

“妈昨晚看了一本好书，介绍了一种大树记忆方式，也许会适合你。”

豆豆向前凑了凑。

“你看外面的大树，有主干、分枝和枝杈。一篇文章就像一棵树，有主要的筋脉，把筋上的关键词串起来，画成简图，这样比较简便和形象。”

儿子疑惑地看着母亲，心里没有底。

“这样行吗？乱七八糟的。”

“那你就试试吧！”母亲充满了信心。

豆豆妈翻到《趵突泉》这一课。

全文前三段：

千佛山，大明湖，趵突泉，是济南的三大名胜，现在单讲趵突泉。

出了济南的西门，在桥上就看见一溪活水，清浅，鲜洁，由南向北流着。岸边的垂柳倒映在水面，上下都是绿的，幽静极了。这水就是从趵突泉流出来的。假如没有趵突泉，济南失去了它一半的妩媚。

沿着小溪往南走，就来到趵突泉公园。一个开阔的泉池，差不多是见方的，占了大半个公园。池里的水清极了，游鱼水藻，都可以看得清清楚楚。泉池中央偏西，有三个大泉眼，水从泉眼里往上涌，冒出的水面半米来高，像煮沸了似的，不断地翻滚。三个水柱都有井口大，没昼没夜地冒，冒，冒，永远那么晶莹，那么活泼，好像永远不知疲倦。要是冬天来玩就更好了，池面腾起一片又白又轻的热气，在深绿色的水藻上飘荡着，会把你引进一种神秘的境界。

母亲画出了脑图：

趵突泉→西门→活水→清浅→由南自北→倒映→水面→幽静→失去→妩媚

趵突泉→开阔→泉池→差不多→见方→占了→池里→游鱼水藻→泉池→偏西→大泉眼→往上涌→冒出→煮沸→水柱→井口大→没昼没夜→晶莹→活泼→不知疲倦→热气→水藻→飘荡→引进神秘境界

一篇500字的课文缩了一大半，儿子眼睛一亮，来劲了！情感闸门突然打开了，轻松的情绪带来了学习的飞跃，不到半小时，儿子就会背诵课文了，生字也记住了。

母子俩不敢相信这是真的。

豆豆对脑图有一个形象的比喻：一篇课文像一棵树，有主干、枝干和树叶，分别象征着中心内容、段落和词语。树叶在阳光的光合作用下，就可放出氧气。

这对提高孩子的作文水平也是有利的，因为作文是在框架中点的连接，画脑图有助于孩子把握局部与整体的关系。

从教育学的角度看，画脑图化繁为简，把知识系统化了，易于记忆，通过关键词的联想，也锻炼了想象力。简单地说，先缩小，再放大。

豆豆找对了感觉，尝到了甜头。把学习当作玩时，就不会觉得学习枯燥无味了。学习的主动性大大增加了，豆豆自己开始画脑图，一天学一课，后来一天学两课，很快，十天不到，三年级上册的语文就学完了。

这样的进度令人欢欣鼓舞，那效果又如何呢？豆豆妈给他做了个测验，得了80分。

语文如此，数学呢？

豆豆妈采取大步进的方法，由难而易，从后往前学，会做的题目跳过去，不会做的画脑图。从现在来看，这符合教育学的原理。因为小学的数学其实内容不多，加、减、乘、除、分数、比例等，完全可以先搭起框架，这样孩子在学习时，因为之前已梳理过，就不会有陌生的感觉，学习每一个知识点时，就会比较轻松。这样，孩子在学习面前，就有一种居高临下的感觉。

孩子的抽象思维能力比较差。记抽象概念是件令人头疼的事。好个豆豆，他没有去死记硬背，而把它们想象成一个个有趣的故事。例如把线段想象为一个点挽着两个兄弟，他们手拉着手；把射线想象为一个兄弟向前跑啊跑；把角想象为两个射线结拜兄弟；把三角想象为三个射线拜了三次。这样很快就记住了。

母亲是下岗女工，儿子一岁半才会说话，四岁得过脑炎，智商都极为平常。豆豆之所以产生这种飞跃，就因为每个孩子内心深处都有一把锁，而母亲用赏识教育和画脑图这把钥匙，开启了孩子的情感的大门。

方法决定成败。

婷婷的绝招

作个比喻吧，如果把学习比作一场战争，那每个科目就是你的敌人。

要想战胜你的敌人，你必须有一些强有力的武器，那就是记忆力、想象力、理解力。

婷婷八岁那年，背出了圆周率小数点后1000位数字，打破了当时的吉尼斯世界纪录。让婷婷去攻克这个难关，源于两个目的：首先是为了提升她的信心，其次，就是为了锻炼她的记忆力。

背诵数字是提升记忆力的有效途径之一，但不能死记硬背就数字背数字。

我们当时把枯燥的数字编成了一个个有趣的故事，这大大激发了婷婷的学习兴趣，比如8214808051这十位数。

第一步我把每个数字都对应一个拼音字母，8用z来代替，2用e，1用d，0用h，4用i，5用g。

第二步把它编成了一个故事：周婷婷跌了一跤，跌了个嘴啃泥。外面正好下着阵雨，周婷婷想站好，却又跌了下来，跌进了墙旮旯。

第三步，选五个关键字——周、跌、阵、站、旮，并且把字和数字对应起来。比如“周”字上面我们就记8、2两个数字，“跌”字上面我们就记1、4两个数字，“阵”和“站”我们就记8、0两个数字，“旮”字上面我们记5和1。结果很快就能把8214808051这十位数记住了。

后来，我和女儿一起又想出了不少方法，什么猴儿上山摘苹果，什么周弘和周婷婷联合“对抗”茅以升，什么要和数学一起打短平快，我们把能想到的方法全都想到了。婷婷开始觉得背1000个数字也真的很好玩，她越背越快。100位后来就只要20秒钟就能背下来。后来，她能用4分钟背下1000位了。

从中，我们可以得到如下启示：

开始可从易到难，也可由难到易地进行背诵。这使婷婷有一种成就感，信心也会大增，情绪也显得比较愉悦。

由难到易的方法也存在一些问题。比如，背诵毫无意义的数字比较困难，将数字与字母进行转换有一些难度，会有畏难情绪，我自己也觉得这有点别扭。于是我采用我与女儿竞争的方法，谁要是输了，谁就得被“罚”，这大大激发了孩子的兴奋点与求知欲望。

我时刻让孩子充满想象，让女儿感觉到成功。

在背诵过程中，背一段时间，停一段时间。古人说：吾尝终日不食，终夜不寝，以思，无益，不如学也。看来很有一番道理。还有在背1000位时重点攻克100位，然后以100位为一个单元，或者以10位为一个单元。

…………

《赏识你的孩子》一书出来后，许多父母都打电话来问背小数点后1000位的方法。

其实，最好的方法是孩子想出来的方法。婷婷当初用过的方法不见得就适合别的孩子，曾经就有人把小数点后的数字编成诗，也很有趣，背出来当然好。用自己的方法背出来，那锻炼的就不仅仅是记忆力，还有你的想象力、创造力。

婷婷还有一项绝招——快速记忆，即看一遍几十个毫无联系的词组，然后就把它们默背下来，既训练了孩子的记忆力又充分调动了孩子的想象力。一次有一组词：舌头、广场、轮船、电视机、茶杯、香烟、草原、大树、铁门、演员、汽车、围墙、鲜花。

婷婷用一分钟的时间把这些词语按顺序全部背下来。她是这样编故事的："瞧，我是这样背的：我伸出舌头是一片广场，广场上行驶着一艘轮船，轮船的轮子中间闪闪发光，我仔细一瞧，原来那是一部电视机，电视机里有个茶杯，茶杯旁放着一盒香烟，我抽出一枝点燃，吸一口吐出，眼前出现一片迷迷蒙蒙的大草原，草原上的小草眨眼之间长成了一棵棵大树，每棵树上的树干上都有一扇铁门，铁门打开了，里面跑出一群演员，演员的歌声凝结成一辆辆汽车，汽车排得像一堵围墙，围墙上开满了鲜花。"

婷婷十岁那年与我合写了《从哑女到神童》一书，书里收集了婷婷近六万多字的童话故事，想象力之丰富，令大人都为之惊叹。许多小朋友都是打着手电筒在被子里看完的。

而婷婷的想象力正是通过当初的这种快速记忆法培养起来的。几个毫无关联的词，凭着你的想象力，就可以成为一个光怪陆离的故事，驾驶着你的想象力在童话的王国里漫游，该是怎样的一种欢乐啊。

这种锻炼，可与课文的复习一起进行。每课里都会有一些词组，把这些词组串下来，就是一种很好的练兵。

阅读是基础。如果你希望自己在学习上处于强者的地位，那就扩大自己的阅读量吧。

书呆子

在杭州做广场咨询时，一位母亲挤到我的桌前，焦急地说："整个上午陪儿子在书店买书，一晃半天时间过去了，也不知道儿子这样下去会不会成为一个'书呆子'，要是这样那可糟了！"

"你的孩子太好了！"我的回答让她大吃一惊，面对母亲满脸的疑惑，我接着说：

"一个六年级的学生，学习起来废寝忘食，说明这个孩子有很强的求知欲，这很不简单，其他孩子这会儿就想着去'肯德基'和'麦当劳'，他只想在书店，这孩子将来有出息。"

看着这位母亲若有所思的表情，我追问了一句：

"你知道儿子喜欢看什么书吗？"

母亲低下头，下意识地用手摸着正在编织的毛衣说：

"我也不太清楚，反正许多书他都喜欢。"

也许在书店母亲手中的毛衣可以织得更长一些，对孩子有形生命给予无限的呵护，但孩子的无形生命更需要关爱。

我拉着孩子的手，详细地询问了他喜欢读哪一类的书，怎么读，哪些故事印象最深，哪些问题还没有找到答案。这一来孩子脸上露出了兴奋的神情，仿佛遇到了知音，恨不得把自己看过的书全给我报一遍，并反问我是如何读书的。

"把你的感想写在卡片上，并学会和书中的人进行交流，对书里的事进行思考，然后想一想假如我来写会怎么样。”

孩子全神贯注地听我说着。

“学会在看书的过程中建立自己的学习系统，就好像把一颗坚硬的果子咬碎以后咽下去，吸收了它的营养，然后品出它的滋味。”

末了，我又轻声地对他说：

“我们做个约定好吗，以后的双休日你先洗脸吃饭，别让你妈操心，这样你看书时不是更安心了吗？”

他母亲看到儿子这样听话瞪大了眼睛。

“十年后你家里将会出现一位作家。”我对他母亲说。

遇到过不少孩子，小学时相当优秀，无论语文、数学都游刃有余。可是到了初中，却如负重爬山，越来越吃力，越来越困难。

究其原因，孩子的阅读能力差，看的书少，阅读能力与理解能力直接相关。

阅读，对于学习至关重要，有着长远的、深刻的影响。

如果你希望自己在学习上处于强者的地位，有一件事是必须做的，那就是扩大自己的阅读量。

看是基础，要把看的知识吸纳为自己的，还有更关键的一步，那就是反馈，眼睛去看，嘴巴去讲。

孩子们，灿烂的明天等着你！

第二章　直面缺陷，孩子别怕

孩子，别怕
太阳走了
月亮来了
光明与黑暗就看你如何看它

孩子，别怕
关上一扇门
打开一扇窗
有一条路永远等着你出发

孩子，别怕
花有花的灿烂
树有树的伟大
你有
别人无法取代的精华

第一节 走出沙漠见绿洲

脆弱的生命如果正面临苦难，我们该怎样去面对？

丑又如何

在西子湖畔讲学时，接到了一个母亲的电话。语气诚恳，带着一丝忧伤。她希望我见见她的女儿，和女儿谈谈心里话，于是，发生了这样一个故事：

她的女儿小玲幼年患白血病，在最需要亲情抚慰时，狠心的亲生父亲弃她而去，而无私的母爱则给了她精神力量。也许生活的勇气和坚定的毅力感动了上苍，经过几年的治疗，她的病情终于得到控制。但由于过量使用激素，女孩身上长了浓密的黑毛，身体肥胖，说话时嗓音细弱，有点结巴。一个原本活泼可爱的江南少女，在美好的花季，就尝尽了风霜雨雪的滋味。

她走进房间时，苍白的脸上挤出一丝笑容，低垂的眼帘露出一丝压抑，眉宇间那解不开的结，表明她正承受着多么巨大的生活压力。

病魔未夺去她有形的生命，她像沙漠里的胡杨林，虽有顽强的生命力，但又显得稀疏，不够茂盛。

面对这样的女孩，要解开她心里的结，要打开她封闭的心灵，要让她丢掉包袱，去享受那宝贵的生命。

在她母亲简要介绍玲玲的情况后，我做了开场白：

“每个人来到世上是非常不容易的，是四十亿个精子争夺一个卵子的结果，这场战斗不亚于一场世纪之战。你这么小的年龄就要承受常人难以承受的压力，你弱小的生命要面对那么多生活的坎坷，你的生命太伟大了！

“你首先要学会爱自己，学会喜欢自己。你现在的毛病是不喜欢自己，把自己美好的东西忘记了。造物主非常公平，在给你美好事物的同时，总要给你一丝缺憾。关键是你的注意力集中在哪方面。如果你99%精力集中在黑点上，生命就会暗淡无光，山穷水尽；如果把100%精力转移到亮点上，你的肚子都会笑痛！”

然后，我把话题转到自己头发少、谢顶上来，通过剖析自己因为头发少不自信，戴假发，直至战胜自我，丢掉假发的切身经历来融化女孩心中的冰。

我的语言朴实无华，富有激情，在场的父母频频点头，听到幽默处忍不住哈哈大笑。

唯独小女孩脸色阴沉，她在寒冬中生活得太久，初春的阳光虽有暖意，但还不足以融化心中的冰层，就像沙漠里的一口水井，埋得太深，挖几锹沙是碰不到水源的。

大家的欢笑声反而刺激她心中的伤痕。她感觉自己的苦痛未被人理解，她还没有找到感觉。

她低垂着头，怯声怯气地从喉咙里吐出声音：“你的一切痛苦是常人可以接受的，而我的痛苦是极少的，不，不一样的，我病愈后第一天上学，别班的同学还说，说我变态！”

女孩哽咽着，泪花在眼里打转。

她的话像一根针，刺痛在场每个人的心，我的话还未到达她内心深处，病魔像一张网紧紧笼罩她的灵魂，几句话就想让她走出黑暗，那太难了。

空气一下子凝固了，听得见心跳声。

将眼光放远一点，你会发现：在这个世界上不幸的人很多，而你决不是最不幸的那个！

心中没有源泉，眼里哪有泪水呢

我的大脑在高速运转，寻常的钥匙是打不开不寻常的锁的。沙漠里几滴水，杯水车薪，无济于事。须不断深挖，触及她的心灵深处。我坚定地拿起了“铁锹”，深挖下去：

“玲玲受到的压力和我谢顶是不好比的，就像婷婷在小学从一年级跳到三年级成绩不及格，遇到巨大困难。我对她说她面临的难题大到世界上没有一个人能帮她，只能靠她自己，为自己的生命感到自豪。玲玲你能活下来是最美好的，现在能承受这么大的磨难，将来一定能幸福，一切都会改变。你面临两条路，一条是结束生命，另一条是学着活下去。你现在能活着应感谢上苍，许多人为你的坚强感动，许多病友羡慕你的生命力！

“玲玲，你太了不起，你还活着。但你没有感叹上苍给你创造的奇迹，也随世俗的眼光把注意力集中到生病这一点上。玲玲，你太对不起自己。”

女孩身子一动不动，全神贯注地听着我讲话。“珍惜生命”的道理像敲鼓一样撞击着她的心。但疑虑仍挂在脸上。道理是平凡的，对孩子来说，故事更能打动人心，我轻车熟路地拿出婷婷的故事：

“人们都认为，婷婷多幸福，全国十佳、自强模范、少年大学生，长得也亭亭玉立。其实婷婷小时候长得更漂亮，像白雪公主，女大十八变，现在她一边脸的下巴偏大，双眼皮也变成单眼皮，本来她就怀疑自己。如果这会儿大家都说婷婷不如小时候漂亮，再讲她丑，她的眼睛就没光了，失去了自信。我是这样解除她的困惑的：人的长相都是螺纹式变化的，发展的，小时候长得漂亮，以后就要退步一段时间，退步正是重新漂亮的开始。”

在座的父母听了忍不住大笑起来。我的锹已碰到井边，孩子好久没有听到这样热乎乎的言语，心头一热，第一次露出真实而又灿烂的笑容。

我接着说：“否极泰来。你现在感到最不好看的时候正是漂亮的开始，要学会喜欢自己。”

文武之道，一张一弛。我的话已深入女孩的内心，这会儿已找到那口井，还要把水从井里提上来。我仍从婷婷的故事着手，娓娓道来。

婷婷在拍电影的时候，受到误解，承受难以想象的痛苦，你现在还能流下眼泪，婷婷有一段时间连眼泪都流不出来了。比如大家聚在一起谈笑风生时，她因为听障一句都听不见，忍不住问大家说些什么，他们简单地告诉她“谈足球”，千言万语浓缩为三个字，简单到不能再简单了。人生找得到的痛苦不是最深的痛苦，找不到的痛苦才是最深的痛苦。不知为什么，婷婷慢慢地觉得眼泪流不出来了，感到自己是个没有情感的女孩了，情绪坏到了极点。

为了让她找到感觉，我开始对她进行疏导和调整。因为婷婷是名人，别人说话时她要显得有涵养，脸上挂着笑容，但她毕竟是个18岁的普通女孩子，日积月累，心理难免失衡，无法沟通的痛苦就像看不见的沙丘侵蚀她的心灵，沙子越积越多，绿洲越退越后，泉水干涸了，孤独感逐渐包围她，心中没有源泉，眼里哪有泪水呢？一旦找到原因，心中充溢了泉水，眼泪就会流出来了！

白天与黑夜都是生命成长过程中的一部分。

赏识人生

流出眼泪是幸福的，因此我提出要享受眼泪。

“为什么要享受苦难呢？如果人生都是苦难，那么活着有什么意义呢？”玲玲完全进入了我的谈话思路。

“苦难就像树开杈原理，树在成长过程中第一个杈开得最大，就像母亲在孕育生命，孩子诞生的那一瞬间，种子破土钻出地面那一刻，痛苦是最大的，却产生新的生命。开过一个杈后，树上的杈会越开越多，枝杈会越来越小。你说，后面的苦难是越来越大，还是越来越小呢？”

把苦难比喻为树枝开杈，通俗易懂，形象生动。

“苦难是永恒的，有快乐必有苦难，就像白天与黑夜都是生命成长过程中的一部分，你现在的苦难对于生命成熟的人也许是一小杈，如果你平静地接受它，生命会不断开杈，变得枝繁叶茂，反之，如果你不成长，你永远就那么几根杈。”

哲学不是抽象枯燥的概念堆砌，而是生命的体验，是从生命中悟出来的鲜活的东西。我这番话深入浅出，深深打动了在座的每个人，女孩的眼睛开始放光了，生命的绿洲又回来了。

“现在感觉怎么样？”我问。

“好——多——了！”玲玲笑着说，玲玲一度在沙漠里迷失了方向，走出沙漠后，现在又重新焕发了生命的活力，面对绿洲禁不住想大喊一声：“我为自己的生命而自豪。”

最后，我题写“热爱生命，赏识人生”八个字送给玲玲。

两双手紧紧地握在一起。

爱美是人之常情。但正如黄山上的松树千姿百态各不相同一样，世人也是各不相同。有美就有丑，上帝是公平的，当他关上一扇门的时候，必然会为你打开另一扇窗。

第二节　阳光总在风雨后

你并不是真的胆小。|

胆小又如何——谁怕谁

我曾接触过一个小女孩，大队长，在学校各方面都表现优秀，样样都好。可有一点妈妈伤透了脑筋：四年级的孩子因为怕鬼，晚上还一定要搂着妈妈睡觉，妈妈想了许多办法也没有解决，于是找到了我。她妈说：孩子名叫沈心，可在这一点上面真是让我不省心。

一个文静甜美的小女孩，不知是害羞还是紧张，和我见面时脸涨得通红。先伸出左手，想想不对，又伸出右手和我握手。

我没有在意孩子的窘态，天南海北地和她神聊，先让她放松下来。不一会儿孩子就格格笑了起来，完全接纳了我。闲谈中，我了解到孩子的学习太紧张了，次次要争第一名的压力使她身心疲惫，回到家里寻找一份安全感。再加上早产，家人对她格外呵护，种种因素造成了今天的局面。

我找到突破口，一举摧毁了孩子的恐惧。

“哪怕天下所有的孩子都害怕，你也不应该感到害怕，你早产两个月都能活下来，证明你的生命力强，所以不应该是你怕鬼，而应该是鬼怕你。”我握着孩子的手说。

孩子的眼睛一亮，心里热乎乎的。回家的路上，孩子就跟妈妈说："我找到感觉了，不怕了。"回家后劲头十足，以前都是关着门做作业，不愿父母看，这次开着门做作业，而且写得又快又好。

晚上，孩子勇敢地把被子搬到了自己的小房间，骄傲地宣布：从今天起我一个人睡！

还有一个小女孩也胆小，她胆小的表现是她不敢在公众场合说话。她说："我非常苦恼，在公众场合我不敢发言，担心自己说错而闹出笑话，只能用佩服的目光注视着发言人，听着他们滔滔不绝的论述。我曾经怨过父母从小没有好好地教我说话，但怨后我又后悔怎么能怪父母呢？他们把我辛辛苦苦养大已经不容易了，又给我上学的机会，要怨就怨自己嘴笨。周老师，我心里很矛盾又很难过，我为此事不知哭了几回。周老师，我是不是没出息。我讨厌也害怕和一些能说会道的人打交道，特别是在人多的时候，我更害怕。"

许多人佩服我的口才好，在台上的表现好，殊不知这是我上千场报告会修炼出来的，我也曾有过站在台上大脑一片空白的经历，不知该说什么好，之所以能有今天是因为我不怕出丑，甩掉包袱。只要你站起来了，你就向成功迈进了一步，胆小是正常的，不害怕反而不正常。

每个胆小的孩子都有胆小的理由，有理由就有纠正的可能，纵然改不掉，又有什么可怕的呢？胆小还不会闯祸！

况且，你并不是真的胆小。

人非圣贤，孰能无过。给孩子一个改正的机会。

我偷过钱

小明拿了同学的钱，被发现后就是不承认，于是他父母找到了心理学家，有了下面这个故事：

心理学家在纸上画了几个图，讲了三个“我”的问题：第一个是“动物我”，人本能上要吃、玩、享受，所以拿别人的钱买吃的、喝的，从“动物我”来说没错。

小明听后很惊奇，眼睛睁得大大的，不相信地问：

“我拿钱怎么会没错？”

“老虎的天性是什么？”教授趁势问他。

“吃小动物。”小明脱口而出。

“老虎在吃小动物时有没有想小动物会害怕痛苦，是可怜的呢？”

小明想了一下说：

“不会的！哦，我明白了，不想别人感受的是‘动物我’。”

看到小明不再拘谨，而且积极配合，教授便接着讲到第二个是“现实我”，是根据现实规则做人，那么，就不能拿别人的钱。教授问小明在拿别人东西时，有没有想过不能拿，小明顿了一下说：

“一刹那也曾想过不可以拿，便心存侥幸，心想不会有人知道的。”

“这属于‘什么我’呢？”教授便问。

小明自我分析：“‘动物我’多一点，战胜了‘现实我’。”

小明的回答让教授很高兴，说明小明已开始反省自己的行为。教授用手拍了一下小明的手，表扬道：

“你真聪明，学得那么快，分析得很好。”

小明的兴致越来越高。接着教授谈到第三个是“道德我”。从这方面来说，会想到别人失去钱的痛苦，拿别人的东西是罪恶，会关注他人和社会的快乐，就产生“不拿”的念头。有“道德我”是个高尚的人，教授问道：

“你是否发现周围发生的具有‘道德我’品质的好事呢？”

小明说：

“我曾将春节的压岁钱捐给学校里一名得了白血病的同学，帮助了别人而没拿去买吃、买喝的，这就是从‘动物我’变成关心他人的‘道德我’。”

教授夸他回答得很好，从“动物我”到“现实我”再升华到“道德我”，这是人格不断健全的过程。教授问小明：

“你要不要做个好人、高尚的人？”

小明用纯净、真诚的目光十分友好地注视教授，直点头大声说：

“要的！要的！”

其实很多人小时候都“偷”过钱，不该叫“偷”，该叫拿。孩子，天生自控力就比较弱，面对诱惑，心里总有两个小人在打架，一个要坚持，一个想妥协，坚持了固然好，万一妥协犯了错也不必把自己打入十八层地狱，永世不得翻身。谁敢说自己一生没有犯过错呢？有一个很优秀的大学生曾经向我说过他心里的一个结：小时候，他有个很要好的同学。有一天早晨，他去喊那个同学上学。当屋子里只剩下他一个人的时候，他看到桌子上放着一元钱，他目光就粘在了那一元钱上。那个时候，一元钱可以买许多零食，他哆嗦着伸出了手。那一天，他不知道怎样走出那个好友的家门的。

钱拿了，他却始终没有花，也不敢还给那个同学。甚至，他不敢和那个同学一起玩了，一靠近就觉得自己是个坏孩子。

十几年过去了，一元钱的阴影始终压在他的心头，如一个沉重的十字架。

我给他讲了小明的故事。

那孩子如释重负地叹了一口气说："唉，要是十几年前就遇到您该多好。"

不可能所有的孩子都遇到我，但我告诉天下所有的孩子：如果你不幸犯过这样的错，那也没什么可怕的，重要的是未来不再犯。

懒惰像生锈一样，比操劳更能消耗身体；经常用的钥匙，总是亮闪闪的。

——富兰克林

想吃葡萄

每个人身上都有惰性，人们很容易陷入惰性的陷阱，因为闲适、安逸有很大的诱惑力，如果不加以克制，不去战胜惰性，那么它会折断你梦想的翅膀。

有一个勤劳的农夫，经营着一个很大的葡萄园，每天日出而作日落而息，勤勤恳恳地在园子里劳动，每年葡萄的收成都很好。

农夫的勤劳并没有影响他的四个儿子，他们好逸恶劳，无论农夫怎样教育，他们总是不肯劳动。农夫越来越老，干不动活了，终于病倒在床上再也起不来了。他知道自己不行了，可葡萄还是要有人种啊！于是，他把四个儿子叫到床前，对他们说："我不久就要死了，可我要告诉你们一个秘密：在我们家的葡萄园里，埋着一箱财宝，它埋在……"话没说完，便死了。

办完了父亲的丧事，四个儿子商量好，无论谁挖到财宝都要四个人平分，他们就开始寻找财宝了。大儿子扛上锄头，从园子这边挖到园子那边，却什么也没找到。二儿子带着铁锹，把园子的地铲得翻了个个儿，还是什么也没有。三儿子干脆牵着牛，套上犁，把园子整个犁了一遍，可依然没找到财宝。

最后，小儿子将葡萄园里的地仔仔细细再翻了一遍，还是没找着。四个儿子挖了又挖，没找到财宝，却把园子里的地翻得又松软又平整，所以葡萄长得特别茂盛，比往年的收成多了好几倍。儿子们把葡萄卖掉后，个个都发了大财。小儿子还要去挖财宝，大儿子挡住他说：“我现在终于明白了，园子里根本就没有财宝。要说有，那就是我们四双勤劳的手。”

人生如同一次旅行，有的人四处浏览，饱赏美景，有的人什么也不做，什么也不看，生活的乐趣全无。

你见过一只蜂箱——蜜蜂的家吗？如果你跟随一只工蜂飞回它的家，你会看到许多角形的房子，你会看到蜜蜂在忙碌地工作，有些在盖房，有些在看家，有些在照顾小蜜蜂，有些在酿蜜。更多蜜蜂去很远的地方寻找花朵，采集花蜜。

蜜蜂是世界上最勤奋的动物，没有一刻偷闲，这也就是蜜蜂为什么能酿出世界上最甜蜜的东西的原因。

当懒惰降临在你身上的时候，你典型的表现是算了，从明天开始吧，懒惰带来了拖延，拖延让你长期地处在一种无奈状态，一天天变得平庸。

当机立断啊，孩子！

看看“伴我雄心”训练营一位孩子的日记：

“一寸光阴一寸金，寸金难买寸光阴，这是每一个人都知道的。而我们只是随便地说说这句话，没有用心体会，更没有用实际表达。

“今天我们做了一个关于时间的游戏，在同学们的答题声中，教官手上的‘时间’任意地增加或减少。而真正的时间，却并非如此。我是一个很随便的人，从来没有给自己一些约束，几乎是想干什么就干什么，聊聊天，看看电视，翻翻书，这儿走走，哪儿逛逛，悠闲得很，从没想过，我生命中的13年已经从我的指缝间缓慢地流走了。我在蹂躏自己的生命。幼儿园，我怪老师只教给我课本上的知识，而别人什么都懂；小学，我怪妈妈没逼我多做奥林匹克难题；初中，我怪爸爸没让我学好一门本领。我何时想过，我的生命在我手中，我的人生路在我脚下。老师叫我多看课外书，我尽看故事书；妈妈叫我做难题，我嫌太难；爸爸让我学本领，我三分钟热度；钢琴、画画、唱歌、口琴、我什么没学过呀？又有什么学会了？我每时每刻都把时间交给别人安排，自己却又做不好。我发过誓要上哈佛。我许过愿要上重点中学，我什么没祈祷过呀，却把誓言最后都交给了上天。

“从今以后，我不再回想昨天，痴想明天，最重要的是今天，我要做好今天，把责任全交给自己，不怕困难，把每一分每一秒安排好，不让时间流走。

“把握今天，摆脱懒惰。”

用积极的心态面对人生。|

三明治，夹什么

有一对孪生兄弟，老大乐观，老二悲观。父母想这哥俩综合一下多好，于是有一天，他给老二买了许多色泽鲜艳的新玩具，又把老大送进了一间堆满了马粪的小房子里。

第二天清晨，父亲看到老二身边的玩具包装还未拆，便问："你为什么不拆这些新玩具呢？"

"玩了就会坏的。"老二哭泣道。

父亲叹了口气，走进老大的房间，却发现他正兴高采烈地在马粪里掏着什么。

"告诉你，老爸，"那孩子得意洋洋地向父亲宣称，"我想马粪里肯定藏着一匹小马呢。"

又一天，父亲送给俩人每人半瓶饮料。老二没有喝，因为他看到只剩下半瓶饮料，老大拿起来说："太好了，还有半瓶呢！"

世界上存在两种人：悲观者悲观失望，乐观者乐观向上。

不同的两种人在于他们思维方式的不同。

悲观者生活得痛苦，打败他的往往是他自己。

而乐观者生活得快乐，他超越自我，超越困难，超越挫折。

每个人一生中都会遇到一些不如意的事，有些是与生俱来的，无从选择，有些是成长过程中的一些挫败与打击。

一个幼年丧母的孩子在他的来信中说：

“我的母亲早在两年前就去世了，我和同学们玩时常因为母亲和他们打架。一次，我们玩孙悟空，我说我是孙悟空，一位同学当着七八个同学的面说：你要是孙悟空，早就把你妈妈救活了。把我气得和他打了一架。我们一个多月没有说话，没有在一起玩。伯伯，我还有一种轻生的感觉，我觉得有钱人要死，没钱人也要死，早死晚死都是死，为这，我还和几个同学到河边玩，下面有两米多深的水，我说我敢跳下去，他们说我不敢，我一转身就跳了下去。

“后来是几个路过的大人把我救了上来。”

一封令人心酸的信。无法相信一个十几岁的孩子就有了轻生的念头。没有人能拒绝降临在你头上的不幸，就像我女儿婷婷在一岁多就双耳全聋一样。人不能拒绝降临在头上的不幸，但可以选择面对不幸的态度。当你以积极的态度来面对不幸的时候，你就像贝多芬，扼住了命运的咽喉，人生就会从此改变。

不幸也好，暂时的挫折也好，缺陷也好，直面它，用阳光的思维包围它，你就在超越它。

这就是光明思维，一种明包暗的三明治思维方式。

冬天到来的时候，春天就不远了；

黑夜到来的时候，白天就不远了；

面对半杯水的时候，对自己说我还有一半；

胆小又怎样，不会闯祸；

矮又怎样，浓缩人生精华；

丑又怎样，丑得有个性；

耳聋又怎样，不受噪声干扰；

下雨又怎样，雨打芭蕉，何等情调；

淌汗又怎样，流过汗才知成功之甘美；

…………

凡此种种，就是明包暗的三明治思维方式。联合国秘书长安南，在他上学的时候曾经发生过这样一件事：有一天，他的一位老师走进教室，手里拿着一张白纸，白纸上有一个黑点。

老师拿起那张纸问："同学们，你们看，我手里拿的是什么？"

全班同学异口同声地说："一个黑点。"

老师黯然地摇摇头说："这么大一张白纸，你们看不到，却唯独看到那个小的黑点，你们的将来恐怕是不幸的，目光盯着生活中不好的地方，黑点会越来越大，吞噬掉整个光明。"

同学们都陷入了沉默。

老师又拿起那张纸来："现在，你们看到的是什么？"

"一张白纸。"依然是异口同声。

"对，当你们的目光盯着白纸的时候，白纸就会越变越大，掩盖了那个黑点。那样，你们的人生就会充满光明。"

若干年后，已成为联合国秘书长的安南在两伊战争乌云密布的时候，敏锐地看到了光明，几经周折，将一场干戈化为玉帛。

当年，若上天没有安排给我一个听障的女儿，那我就不可能把毕生的心血都放在教育上，也就不可能有今天的一切。大概是因为女儿天生就比别人多了一项缺陷吧，从她懂事起，我就教她用积极的思维来看待问题。

在婷婷的日记里，有这样一段话：

"爸爸从小就培养我的心理调节能力，让我养成一种思维定势，不管遇到什么事都能往好的地方想。其实耳聋也具备一些优势，比如晚上睡觉可以不受任何的打扰，一直香喷喷地睡到天亮；学习时可以不受别人的打搅，全神贯注一气呵成；因为听不见迫使自己常常推测周围人的思想，从而悟性极高；不易受到外界杂乱信息的干扰，而保持一颗平静的心，这样就能把坏事变成好事，自己的心也就静了下来。”

曾经听到过一个动人的传说：

在大海的深处，住着一位美丽的贝壳仙女。一天，正当她打开贝壳休息时，意外发生了，她受伤了。伤痕划破了贝壳仙女完美的肌肤，她无比伤心和遗憾，只能用泪水去包裹心中的隐痛。就在她流泪的同时，一颗晶莹剔透的珍珠悄然诞生了。

许多年后，这粒珍珠镶在国王的王冠上，有幸见过它的人都发出了由衷的赞叹。他们哪里知道，这粒美丽的珍珠里，包含着一个贝壳当初深深的遗憾。

生活既有万里无云的晴空，也有雨雪霏霏的阴沉。把我们的心灵也变成一个贝壳，让那隐痛和遗憾全化作珍珠，照亮我们的生活，照亮我们的生命。

从此我不再仰脸看青天，不再低头看白水，只谨慎着我双双的脚步，我要一步一步踏在泥土上，打上深深的脚印！

——朱自清

我怎么了

人们常说永恒就是瞬间，瞬间就是永恒，生命是一个流程，由每一分每一秒组成。生命的一页是充实的是虚度的，由你的手翻阅。

我非常欣赏一位战地记者说的话："如果你拍出的照片不够好，那说明你离战火还不够近。"

这位记者名叫库柏，被誉为"20世纪最伟大的战地摄影记者"。他在20世纪50年代不幸触着一颗杀伤性地雷，死的时候，那个视为生命的照相机还紧紧地攥在他的手里。

今天，当我们翻看那一张张记者们用生命换来的照片时，震撼之余不禁对他们生出无限的钦佩。

这个世界非常公平：你付出的越多，你得到的越多；最伟大的成功从来不是偶然的，它永远属于那些用一生血汗乃至生命去拼搏的人。

有的人往往容易过多地企求结果而忽略过程，幻想偶然的或者不经意的获取：走路希望天上掉馅饼，写作想一炮走红，唱歌想一夜成名……捡到馅饼的人有没有？嗓音平平却能凭一首歌走红的人有没有？有！但毕竟少而又少。真正有实力的人从不垂涎这样的偶然，他们更多注重的是自身潜能和底蕴的磨炼。

“因为你离战火不够近！”告诉我们一个真理，不要去埋怨别人，你自己就是命运的主宰！

我遇到许多孩子，有的因为从一个好的小学进入了一个三流的中学，心里不平衡了，于是尖子生成了差生；

有的认为老师偏爱好学生，心生怨恨，以捣乱、反叛报复老师；

有的认为别人的父母有钱或有权而自己的父母只是普通的工薪阶层，心里愤愤不平，认为世界从来就不公平；

…………

其实何必！

每个人来到世界上，总有来到这个世界上的理由。但肯定有一点：不是让你怨天尤人，愤世嫉俗的。

打点一下，将心中的阴影摆脱掉，轻装上阵，所有的一切，都将重新开始。

孩子，当父母剥夺了你吃苦的权利时，你争取了吗？

我也做一只老鼠

有一只老鼠告诉父母，他要去海边旅行。他的父母听后大声说道：“真是太可怕了！世界上到处充满了恐怖，你千万去不得！”

“我决心已定，”老鼠坚定地说，“我从未见过大海，现在应该去看看了。你们阻拦也没用。”

“既然我们拦不住你，那么，你千万要多加小心啊！”老鼠的爸爸妈妈忧心忡忡地说。

第二天天一亮，这只老鼠就上路了。出门不久，老鼠就碰到了麻烦和恐惧。一只猫从树后跳了出来，说：“我要让你填饱我的肚子。”

这对老鼠来说，真是性命攸关。他拼命地夺路逃命，尽管一截尾巴落到猫嘴里，但总算幸免一死。

到了下午，老鼠又遭到了鸟和狗的袭击，他不止一次被追得晕头转向。他遍体鳞伤，又累又怕。

傍晚，老鼠慢慢爬上最后一座山，展现在他眼前的是一望无际的大海。他凝视着拍打岸边的一个接一个翻滚的浪花。天边是一片色彩缤纷的晚霞。

“太美了！”老鼠禁不住喊了起来，“要是爸爸和妈妈现在同我在一起共赏这美景多好啊！”海洋上空渐渐出现了月亮和星星。老鼠静静地坐在山顶上，沉浸在静谧和幸福之中。

有一句歌词：“不经历风雨怎能见彩虹，这个世界上没有人可以随随便便成功。”即使有，那也不能叫真的成功。

经常有父母向我抱怨：孩子不能吃苦，自理能力差，哪像我们小时候，从小就帮父母做事……

父母给了孩子怎样的机会呢？

训练营有个孩子写道：在家里什么都是妈妈一手操办。妈妈说：只要你成绩好，你什么都不要管。

还有一个四年级的孩子，我们教官带他从南昌上车后，晚上妈妈打了八个电话询问孩子的情况。

中国父母的爱感天动地，但结果并不如意。在碰到困难时，孩子的动作往往就是一个字：退。这时还会被父母戴上“懒”的帽子。

在训练营里，我们把做强者的机会还给了孩子，所有的事都要孩子自己做，从叠被子到打背包，从自己做饭到搭帐篷，每天还有艰苦的训练，学军体拳、学舞蹈……虽然很累，但很开心，感到自豪和快乐，因为我们在精神上赏识他们，让孩子学会了合作、自理、吃苦和节约，觉得自己长大了，变成了小大人。

一个有所成就的人，必然是一个不怕吃苦的人。

孩子，当父母剥夺了你吃苦的权利时，你争取了吗？

世上无完人。

对于自己的缺陷，宽容一点，看开一点；

对于阻碍自己前进的缺点，坚持一点，超越一点。

直面人生，孩子别怕！

坚持，坚持，再坚持，成功永远属于能够坚持的人。

永不放弃

我手边有一篇参加训练营的孩子——赵怡娜同学的日记，令我感动：

“五月的天气就像一个感情多变的女孩，许多人都在家中或办公室享受着凉快的幸福。

“而我却在‘伴我雄心’训练营，享受着‘痛苦’的军训。其实要说‘痛苦’有一点太夸张了，但这两天以来我是开心的，因为我很坚强。昨天早晨胃疼，却按捺不住自己的心，我并不比别人差，胃疼算得了什么？以前发烧不照样上课？我坚持下来了，下午胃又疼了，当李营长说‘加油，不要掉队’时我心中想我是一个整体的成员，不可以掉队便又坚持下来了。

“今天早上却不知哪根神经搭错了，我发烧了，这种事情实在太可怕了，发烧就等于我将要被送回营地，我不可以这样半途而废！在帐篷坐了一会儿后，我便又加入了训练。

“坚持，让我把以前在家中做不到的事变得如此简单，让我总结出一个俗语：坚持，坚持，再坚持，成功永远属于能够坚持的人。”

麦当劳企业的创始人叫雷克·洛克。雷克50岁还失业，半夜乘游览车偷偷地离开故乡伊利诺伊，到加州找工作。他发现好多人在一家小店面前排队买汉堡吃，他想了解这个汉堡跟别家的汉堡有什么不同？结果发现，美国传统的汉堡是冷的、硬硬的，而麦当劳兄弟的汉堡是热的、软软的、香香的，清洁、卫生、干净。

雷克马上跟麦当劳兄弟说：“既然这样，是不是可以让我用你们的名字，用你们这个店的名字，到我的故乡伊利诺伊开始经营麦当劳的事业？”“可以啊！欢迎。”

雷克回到故乡的5年时间里，竟然在家乡成立了100多家麦当劳店。最后，干脆又花1400万美金，把麦当劳兄弟所有的10多家店通通买断，成为麦当劳的老板。

这个故事告诉我们毅力是人生的至宝，50岁失业没有被击倒，60岁创业才是奇迹。所以雷克·洛克经常告诉他的员工一句话：“能力不足以为事，很多能力才华出众的人，一生却困顿失败，只有毅力才是人生的至宝。”

全世界找到最大的一颗钻石的人叫索拉诺。很多人都知道索拉诺找到了一颗所谓“Librator”（自由者）的世界最大的钻石。可是没有人知道索拉诺找到这一颗钻石以前，他已经找到过100万颗以上的小鹅卵石，最后才找到这一颗全世界最大的钻石。

怎样做一个善于坚持的人呢？

怎样把现实与理想结合起来呢？

一个人如果只管今天的现实，而不去计划未来，他所得到的必将是昙花一现；一个人如果只有遥远的梦想，而不去好好地把握现实中的今天，很快就会被现实击倒，美梦永远无法成真。

实现梦想从今天做起，把若干年后的大目标划分为一个个小目标，落实到每年、每月和每天。这样，你不会觉得未来是遥不可及的梦想，而是看得见、摸得着的现实，以集中精力，全力以赴地完成目标。否则的话，你今天做也行，明天做也行，懒懒散散地拖下去，理想就会变成空想。

就像长跑一样，10000米会觉得很长，要围着跑道跑20多圈，跑着跑着就会跑不动，会失去信心。如果能抱着“跑好每一步”的想法，那么就会觉得很轻松，而且会充满信心。

老爸，早知道你把我的缺点都看成可爱的，我早就改掉了。

可爱的缺点

遇到过许多父母，他们忧心忡忡，满脸绝望。问其原因，不外乎孩子不肯学习，考了最后一名。

我不知道脆弱的父母能培养出怎样的孩子，漫长的人生道路，岂能因一次小小的考试失利就断定终身无望？

我曾问过一个孩子："你认为自己有什么优点？"

他惊讶地说："周伯伯，我能有什么优点？这么多年，我都没有听过'优点'这个词了。"一个十来岁的孩子说出这样的话，不能不让人听着心酸。

我说："孩子，你有！有些优点是现在的，有些优点是未来的，你可以说自己现在没有优点，但肯定有未来的优点呀。"

孩子的眼睛一下子亮了，一口气说了十几个"未来的优点"。

我这个"未来的优点"理论让许多不自信的孩子眼里重新燃起了自信之光。

后来，一位父亲完善了我这个"未来的优点"。

那位可敬的父亲对儿子极其宽容。孩子心情不好时就会发脾气，满地打滚摔东西，发泄之后，拍拍屁股，什么事都没发生一样。

我很好奇，问这位父亲怎么能容忍孩子随意发脾气。

这位父亲说："不知怎么的，我就是爱儿子，连看他的缺点都是可爱的。"

那孩子感动地说："老爸，早知道你把我的缺点都看成可爱的，我早就改掉了。"

可爱的缺点，未来的优点。

我恍然大悟。

那么多的父母不能容忍孩子的缺点，那么多的孩子也不能容忍自己的缺点，于是便有了好孩子太累，坏孩子太罪，便有了悲观的思维方式。

一个人，如果不能包容自己的缺陷，便会厌恶它、讨厌它。这种厌恶的情感，固然可以促使人改正缺点，但厌恶的情感更会消解人内心的力量，让人觉得不快乐，缺陷因一时无法扭转而愈加厌恶，到了最后，成了厌恶自己，厌恶生活，彻底丧失了斗志。

与其这样，还不如接纳自己的缺陷，把它看成可爱的缺点，未来的优点，那时心里充满了希望，充满了自信，人生的步伐才会越走越快，越走越稳。

光明的三明治思维方式。除了接纳自己的缺陷，把它看成未来的优点外，还有一点，就是不要怨天尤人，要做自己命运的主宰。

第三章　直面人际，孩子别怕

孩子，别怕
你是一撇
我是一捺
靠在一起共享青春年华

孩子，别怕
背过身去哭了
转过脸来笑了
经历风雨友谊才会开花

孩子，别怕
朋友是蜜蜂
你是一朵花
完善自己
才能种豆得豆种瓜得瓜

第一节 “人”字的结构就是相互支撑

和谐的人际关系是人格健全的体现。

做快乐的人中人

问过不少孩子，上学为什么。在诸多答案中，有一条是共同的：有同学一起玩。

孩子在与人交往中慢慢长大，逐渐走向成熟，是人与生俱来的一种需求。一个喜欢与人交往的人，将来不会孤单的。

“人”字的结构是相互支撑，21世纪是合作的时代，人与人不仅仅是“人”字形结构，更需要一种“众”字状，即能与不同的人支撑起来。

在与人交往中学会合作，学会与人相处，这种关系应当是健康平等的合作关系，但有不少孩子不能很好把握与同伴交往的心态，陷入了“人上人”或“人下人”的状态中去。

我在前面提到的豆豆。他上初中后遇到了成长中的一个瓶颈：

跳级所带来的优越的心理，让他有点飘飘然，看不起成绩差的孩子。豆豆妈和儿子谈了几次，但总觉得不到位。于是，打电话给我。

豆豆表现的状态有一种人上人倾向。教育家陶行知先生曾精辟地指出，教育的目标是培养人中人，而不是人上人，人下人，更不是人外人。

联想到我们的社会，在应试教育重压下，教育目标过分强调成功，带有强烈的功利色彩。父母都望子成龙，希望自己的孩子是第一名，做“人上人”。这样的孩子容易盲目自信，处处强加于人。这种人上人心态往往导致众叛亲离，将来在社会上无法生存，因为成功并不代表快乐和幸福。

反过来，第一名只有一个，结果，大多数的孩子不是成了“人下人”，就是成了“人外人”，痛苦度过一生。

而教育的目标关注生命，直指幸福，培养出来的孩子心灵舒展，关系和谐，人格健全，大家都做快乐的人中人，既不膨胀，也不压抑。一个与幸福有约的人，必然与成功有缘。

我和豆豆谈了很长时间，孩子很动情。当天晚上，他给我写了一封长信，信中说：“您说从小每个人都是人下人，可是经过几年的变化，有些人变成了人中人，人上人，有些根本没有变化。人上人就会自大、虚荣，就要膨胀、爆炸。人下人就要被压扁，也会爆炸。这时人中人就要去帮助那些快爆炸的人，这样世界才会幸福呀！”最后他说他要成为杰出的人中人。

在赏识教育“伴我雄心”训练营里，有不少活动是为了让孩子们体验合作而设计的。

感受集体的力量，众人划桨才能开动大帆船。

铁索桥上

“伴我雄心”训练营里有一项群体活动——“过铁索桥”。

几十个孩子面对面站着，两人一组，伸出双手交叉着，紧紧抓在一起。孩子们是第一次玩这样的游戏，不知道下面会发生怎样的事，脸上露出跃跃欲试的表情。

这时，教官大声地说：你们伸出的双手组成一座“人桥”，现在将有一位同学——小明从你们的双手上爬过去，我相信你们能够完成任务，你们有没有信心?

“有！”孩子们发出了整齐划一的声音。

当小明过桥时，孩子们才知道这个活动并不轻松。一个孩子说：“当小明爬到我这里时，他整个的身体都压在了我的手上，我感到他非常沉重，手都快撑不住了，可大家的‘加油’声让我心头一热，如果我一松手，小明就会摔下去，后果不堪设想，于是我不停地用劲，脸憋得通红，他终于爬过去了，我才松了一口气。”

小明奋力向前爬着，同学的手组成的桥像一条链子一样，紧密地衔接着。

近了，近了……终于到了终点。

全体同学拥上去，将小明抛向天空，并高声欢呼着。

小明激动地在日记里写道：如果没有伙伴我肯定过不去，我感谢他们，我明白了一个道理——有了伙伴，我就有信心克服困难。

当教官问孩子有什么感想时，孩子的回答太好了：

“虽然手很痛，但我坚持下来了，团结就是力量，放手就意味着放弃，我宁愿自己痛苦也不愿别人痛苦。”

“团结让我坚持了下去，有伙伴帮助我，平常做梦不敢想的事也能做到。”

与这个游戏相似的还有另一项活动：风雨人生路。

“活动开始，教官让我们闭上眼睛，然后发给其中一队队员一个涂了黑漆的墨镜，我虽然没有戴，但我能感觉到，那是黑黑的恐怖的一片，什么也不会看见。他们要在我们的帮助和引导下去走过一段崎岖危险的山路。他们把生命的一切都交给我们了，就在此时此刻，每个同学都有一种共同的感觉，那并非是紧张，而是热乎乎的。也就是此时，我们真正感受到了友情的真谛和价值，漫漫人生路，如果只有我或任何一个人，难道不是很孤单、寂寞、无助、惶恐吗？最后的那一刻，也是眼前最消寂的那一刻，我想到了许多，或如天星，或如沙粒，心真的好乱，但‘情’这个字在我的脑子中是清晰的，无丝毫的迷茫、模糊……”

孩子在团体游戏中学会了合作，学会了团结，学会了坚持，而未来的社会是合作的社会。

支持是相互的，帮助是相互的，尊重是相互的。作为一个人，他拥有这样的双赢关系越多，他的成功就越大。

1+1>2

“伴我雄心”训练营让孩子们学会了很多，尤其在毕业典礼上一个保留节目叫“赛跑”，让孩子们在笑声和泪水中悟到了许多。

在音乐声中，第一组孩子出场了。

大家一起冲出起点向前跑。为了跑在前面，每个人都拼命地阻止其他人前进，你拉我扯，相互使绊子，场面乱成一团。就像歌中所唱：“一分一秒一路奔跑，烦恼一点也没有少，总有人像我辛苦走一遭，孤独与喝彩其实都需要，成败得失谁能预料。”他们不是相互鼓励、支撑，而是相互推搡、打击。有人跌倒了，周围的人不是去扶一把，而是上去踹一脚。

他们把这儿当成了考场，奋力争第一，可第一名只有一个，残酷的竞争让孩子充满了功利色彩，就是考了第一名心里也充满了恐惧，他们脸上不是欢乐而是痛苦的表情。

镜头转到了第二组，在《朋友》的歌声中迈开了步：“一句话，一辈子，一生情，一杯酒，朋友不曾孤单过，一声朋友你会懂。”

有人跌倒了，旁边的伙伴立刻去搀扶；有人体力不支，伙伴们上去协助，在跑不动的时候大家鼓励支持，挥舞着拳头为他加油。

汗水湿透了衣衫，大家团结一心，众志成城，终于一起冲过了终点，乌拉！胜利属于这个团队。通过这次活动，大家明白了：天马行空，独来独往是不可能的，成功需要合作。

以前曾有两个在沙漠中跋涉的旅人，在他们又累又渴之际，遇到了一个救命的骆驼队，好心人给了他们一牛皮袋水和一匹骆驼。

一个人要了那袋水，另一人要了那匹骆驼，然后他俩分别上路。

得到水的人欣喜若狂，捧着这比生命还珍贵的水，尽管他惜水如金，但还是很快就喝完了，不久他就死在了空空的牛皮袋旁。

另一个骑着骆驼一步步地向前去寻找绿洲。一路上他饥渴难忍，浑身热得要冒烟了。就在他神情模糊的时候，远处出现了一处青幽幽的绿洲，可他身上最后一丝水分也蒸发完了。他看着不远处的绿洲，含恨渴死在骆驼的背上。

另外两个饥渴的人，他们没有各走各的，而是决定共同去寻找水源。他俩在骆驼的带领下，手挽手共同向前走，渴了就喝水，累了就骑在骆驼背上，听着骆铃艰难地跋涉。最后两人终于找到了绿洲，他们用自己的智慧和合作战胜了死亡。

现在社会的竞争提倡的不是你死我活，而是双赢。支持是相互的，帮助是相互的，尊重是相互的。作为一个人，他拥有这样的双赢关系越多，他的成功就越大。

一个拥有集体荣誉感的孩子，心中一定也充满了爱。

其实我很伟大

训练营里大孩子有一项野外求生的活动，他们头顶骄阳，肩背行李，步行十几公里到野外去露营。有一个孩子发烧，教官要送他回去，他不答应，非要跟上队伍，他意识到团队的荣誉是重要的。

到了营地，要自己动手搭帐篷，大孩子帮助小孩子，小孩子给大孩子加油，晚饭自己搭灶，自己拾柴，自己煮面条、抬水。许多孩子回来时，手上、腿上都磨破了，好狼狈。

一个孩子在归途中胃疼，教官让他搭出租车先回去，他摇摇头，因为他觉得证明自己的时候到了。教官一路上也都在鼓励他们：

“你们的表现非常好，给自己一个掌声，你们每个人都让我引以为傲，你们每个人的表现都是最棒的。”

在当天的日记中，有孩子写道：

不管多累多苦我们都能完成，完成后的喜悦是我的最大的安慰，我们对自己充满了信心。

阳光、空气、水、花草、树木，共同构成了一个和谐的、美好的世界，大自然不因为花不如树实用，草不如树高大而冷落了花与草，从而抱怨阳光、空气和水。

大自然承认花、草、树木之间的差异，承认阳光、空气和水的作用，它知道花有花的艳丽，草有草的幽香，树有树的伟岸，它不要求草长得如树一般高大，也不要求树如花般美丽。于是，树便是树，花便是花，草便是草。

自然界中每件事物都不是完美的，但又总是有它的美丽之处，我们要活得舒展、奔放就得去发掘每一件事物的美好之处，这样我们不论在何时何地都会有快乐的人生。

第二节　同学交往中的几点忌讳

友谊是从长久的认识与共同契合中产生的，没有嫉妒，也没有恐惧。

不要苛求

一位五年级的小女孩写给我一封信。她很为与同学的相处烦心，甚至因此而影响到学习。

信中写道：

“我近来很苦恼，因为有几个同学都说我太斤斤计较。一次是打羽毛球时，落地的球本该对方去捡，但她让我去捡，我一边跑去捡，一边笑着说：该你捡，你占我便宜。傻子都能看出我在说笑话，而对方却说：你怎么这样斤斤计较，捡个球又怎么啦。她的话很伤我的心，我的人格这样渺小吗？隔几天上课前，一位有马大哈性格的女生从背后拍了我一下，我就对她说：你不喜欢跟我打闹，就不要动不动拍我，你说我理你好，还是不理你好。跟你玩你又说我手重，不跟你玩你又会生气，你不要动不动就拍我好不好？我没说完她就抢道：你怎么这样斤斤计较，拍你一下怎么了？

“当有同学对不起我时，我常会告诉她们要顾及别人的感受，并告诉她们该怎样接人待物，可是似乎同学之间讲礼貌便是虚伪，妨害了友谊的发展，我便常常被人说成斤斤计较，难道我真的错了吗？我不该给别人忠告吗？

“也有的同学说：你自己也有缺点，还说别人呢？难道我有缺点就不允许我脑中装有正确的意识，我没有资格说出正确的做法？”

应该说她是很重友情的，正因为她看重友情，才会被友情所困。

想要得到别人的尊重，首先要学会自己尊重自己。

刺猬的忠告

每个人都有一些朋友，有的是泛泛之交，有的是知心之交。知心到形影不离的时候，便会有一种占有的欲望，似乎对方成了自己的一份财产，不容许有他人涉入，许多友谊便因为这种心态而夭折了。

有一封典型的来信：

“我是一名高二女生，天生的内向性格使我不能像别人一样学习、生活，我感到很孤独。我总想有一个知心朋友，为我排忧解难，可每次别人都不愿听我喋喋不休。我对时间抓得特紧，也想和一个同样爱时间的女孩一起做事，可我没有伙伴，没有可以陪伴我直到分手的女孩。

“其实我也算有两个朋友。

“一个叫莹。莹是个活泼开朗的漂亮女孩，能和许多人合得来。和她在一起我就想像她一样有交际能力，可我不能。

“另一个叫宁。她俩在一起将近两年了，而我才半年，她俩很好。请你想想，她们两个在一起说说笑笑，撇下一个不爱言语的我单独走，我会有多难受。而且，当我看到她俩之中一个和别人很好时，我就很痛苦，我觉得自己是一个多余的人，我讨厌自己，常常不能学好，休息好。宁是个成绩很好的女孩，她对人有点看成绩，我不如她，她就怕我赶上她，而且常摆出我不如她的样子对待我，我受不了，常常哭泣，我不知如何面对性格带给我的烦恼，更不知如何才能安心学习。

“另外，当我和某一个人相处时，我就想：她有那么多朋友，多我一个，少我一个无所谓。而我却没有知心朋友，没有交际能力。我总想让某一个女孩属于我，常和我在一起，很多同学都有自己的伙伴，我没有。由于以上原因，我上课几乎没注意听讲过，我害怕集体活动，因为我没有伙伴。我怕独处，常形单影只，我想专心学习，把成绩提上去，可总是胡思乱想，慨叹自己没有知心朋友。

“现在，我班每个女孩都有自己的伙伴，我不愿去找某两个人成为我的好朋友，因为那不可能，紧张的学习生活使别人不愿像我一样苦寻知音。我的自尊心太强，以至于别人不经意的一句话就会使我气上好几天，自然学习是不会专心。再加上我的独占欲，我几乎没有接纳多个朋友的宽容心。总之，我是一个多余的人，总被人当作无能的第三者，我活着还有什么意义？”

有一段时间，婷婷也陷入这样的孤独中，因为她听不到，每次别人谈论一件事而笑得前仰后合的时候，她却茫然不知所措，她去询问，得到的答案只有三个字：谈足球。次数多了，婷婷就开始怀疑是不是同学们不喜欢她了？是不是自己问来问去很烦人？孤独使她变得很沉默，也很痛苦，她在日记里写道：我害怕奇数，喜欢偶数。如果是奇数，那落单的必然是我；偶数就不一样，偶数就意味着我就有伴了。

看到女儿的这段日记时，我心好酸，我对女儿说：“爸爸理解你的孤独，但是孩子你知道吗？同学们在交谈的时候没有顾及到你，并不意味着她们不喜欢你，你想想，当你生病住院的时候，那么多的同学都来陪你，照顾你，你听不到老师的声音，大家不都争着把笔记给你看吗？”

接着，我给女儿讲了一个故事：冬天来了，一群刺猬聚在一起，它们竭力靠近对方，以保持足够的温度。可是刺猬伤心地发现，它们并不能靠得很近，因为它们彼此身上的刺会伤到对方。但刺猬们并未因此而放弃，它们一次次地尝试，一次次地改变彼此的距离，终于找到彼此间的最佳距离。在这个最佳距离下，他们既伤不到对方，又保持了温暖。

婷婷理解了我的意思，当她再一次看到同学们高谈阔论的时候，不再感到孤独难受，她会自己找一本书静静地看，或者分享同学的喜悦。当大家一起出去的时候，她主动去接触别人，和别人玩闹，她不再去想什么奇数偶数的问题。

婷婷终于找准了与人相处的位置。

其实刺猬之间的相处说明了一个问题，朋友之间是相互依存而不是相互依赖，尽管“人”字的结构是相互支撑，但在支撑之前，首先是自我的独立。像来信的这位小女孩，她更大的痛苦是不能独立，而不是孤单。说到底，有什么比让自己开心更重要的事呢？开心首先是自己承认自己，然后才是得到别人的承认。

对于别样的目光，你可以作出自己的选择。

有人不喜欢我吗

独生子女从小就受到家人的过度关注，爸爸妈妈不用说了，再加上爷爷奶奶外公外婆七大姑八大姨的，孩子们在众星捧月中习惯了被所有人喜欢。有一天，这些小月亮聚到一起，总会发现原来自己并不永远是月亮，发现并不是所有人都喜欢自己。

于是不少孩子迷茫了，失落了，因此而耿耿于怀，为了一棵树而放弃了整片森林。

有个六年级的小女孩闹着要转学，父母很为难：答应吧，似乎没有多大必要，马上就要升学了，转学并没有那么容易；不答应吧，孩子似乎铁了心，问她什么原因，她又不肯说。

无奈之下，妈妈带着她找我咨询。

孩子很信任我，终于说出了她想转学的原因。

原来她从一年级起就是班长，五年来，每一次都是全票当选。可是就在这最后一年，在她仍然成为班长后，她却心里失落了，因为有几个同学没有选她，这对她是个不小的打击。

为什么会这样？

他们为什么不喜欢我？

我做的哪些事不好？

他们是不是报复我？

这些结扭在她心里，久久无法释怀，而且愈演愈烈。她心里越觉得那几个同学不喜欢她，就越觉得的确如此，于是她也开始讨厌那些同学。因为不开心，在做工作的时候，就容易发脾气，因此得罪了更多的同学，她越来越觉得自己在班里很孤立，甚至连老师也找她谈话，委婉地批评她与同学之间相处不好。

她觉得好痛苦，于是就想换一个环境。

讲完后她长长地叹了口气，看来这些话在她心里憋了很久了。

我问她为什么不和妈妈说说，她说害怕妈妈失望。

我问她你觉得周伯伯是好人吗？

她郑重地说当然是的。

我问她你觉得是不是所有人都喜欢周伯伯呢？

她迟疑了一下，说应该是吧。

我告诉她不是的，我给她讲了我成长过程中遇到的许许多多不喜欢我的人。我告诉她，遇到不喜欢你的人，可以做两种选择：一种是避开他，超越他，本来这个世界上就有许多人与你无关；另一种是靠近他，让他重新喜欢你，当然这种靠近不是以讨好对方牺牲自己的自尊为前提的。

而且，我提醒小女孩，有可能他们根本就没有不喜欢你，只是你的敏感罢了。

我让她回忆一下那些同学表现出来的不喜欢她的地方，她想了半天，终于笑着摇头说，没有。

我知道，她心里的结已经解了。

当别人怀着恶意来侵犯我们的自尊时，该怎么办呢？

你敢！

在某个杂志上看到一篇文章：父亲带着七岁的儿子出去玩。儿子在操场上玩篮球，父亲在旁边看着，其乐融融。

过了几分钟，有几个大孩子过来了，他们很不客气地从儿子手里抢走了篮球，儿子成了一个局外人，孤单地站在一旁。

父亲没有立即做出反应，他想看看儿子如何面对这件事。

时间一分一秒地过去了，父亲看到儿子仍然站立着，他觉得该自己出场了。

就在这一刻，儿子扑上前抢到了篮球，而后，他又把篮球传给了旁边的一个大男孩，紧接着，他们其中的一个又把球传给了儿子。

那一刻，父亲觉得儿子真的长大了。

我看到这个故事时很感动，同时也佩服那个小男孩，他巧妙地维护了自己的自尊。

尽管我也相信这个世界上好人多，但我无法保证一辈子遇到的都是好人，当别人怀着恶意来侵犯我们的自尊的时候，该怎么办呢？

前段时间有个孩子打电话向我咨询，他说他想竞选班长，可班上一个经常欺负弱小者的同学威胁他，如果他当上了班长，他就会打他。

我说，孩子，你听他这样说的时候是害怕呢还是生气？

他说生气。

我说，孩子，其实你已经做出选择了。你生气，说明你是个有正义感的孩子。我相信你会很好维护自己尊严的。

第四章　直面父母，孩子别怕

孩子，别怕
山再远，路再遥
人生旅程固然漫长
有一盏灯永远为你而亮
守护它的是你的爸爸妈妈

孩子，别怕
一声叹息，两声责骂
只要彼此的心还靠着
那横在你与父母之间的沟
便难以留下

孩子，别怕
看看那生纹的脸，看看那渐白的发
你已长大
走向父母是你成熟的选择

第一节　世间有一份爱

母亲坚毅的眼神给了我力量，母亲忙碌的身影就是我最安全的守护神。

母亲·我·女儿

30岁之前，我一直扮演着一个单纯的角色：父母的儿子。

我们家里，兄妹四个，男孩当中我居第二，哥哥是家里的长子，姐姐是家里的独女，弟弟是老幺，而我，无从选择的称呼是次子。我来到这个家庭的时间决定了我在家里的地位。小的时候，总有一种错觉，觉得自己在家里的地位比不上哥哥、姐姐、弟弟，毕竟，他们的称呼含量比我高。次子、次子，次要的儿子罢了。

小心眼里藏了这样一个看法，于是总觉得父母给我的爱没有给姐姐和哥哥的多，小的时候特别调皮，现在回想起来，可能是潜意识里想吸引父母的注意力吧。遗憾的是，像现在许多用调皮来吸引老师同学关心的孩子一样，调皮的结果只是让父母，特别是母亲对我更加严厉。她会说：你怎么就不能像姐姐或者哥哥那样呢？

我也试图做一些改变自我形象的事。

有一回，我打扫了自己永远也整理不清的房间，还帮着抹了家里所有的桌子，然后，怀着激动的心情期待着母亲回来。可是母亲只说了一句就让我泄了气。

她说：你又干什么了？满地是水。

我像一个溺水者，试图挣扎求救：我整理了房间，还抹了桌子。

母亲把手里的菜往地上一放，眼皮也不抬地说：本来就该那样。

现在仍然能回忆起当初那种七窍生烟的感觉。

母亲赏识的阳光总是照不到我身上来。于是，我开始相信别人和我开的玩笑：你是马路上捡来的。

既然是从马路上捡来的，那就该到马路上去寻找我的亲生母亲。

每次放学，5分钟的路程我总能走30分钟。因为我一边走，一边研究来往行人中的妇女，看她们哪个像我的母亲。

有一回，一位30来岁的妇女一边走一边盯着我猛看，眼里闪烁着一种温柔的光。

难道她是我的亲生母亲？

那妇女一步步向我走来，我的心怦怦跳着，如雨后活跃的小青蛙。有两个字在我喉间跃跃欲出，那是“妈妈”。

那妇女走到我身边，停了下来，一只手搁在我肩上，我几乎流下泪来。

那妇女终于开口说话了，她说：小同学，请问到××厂怎么走？

我半天没回过神来。这种反差太大了，我几乎无法承受。

妇女被我呆呆的神情吓坏了。她着急地摇着我：怎么了？

回过神的我有点怨恨地看了她一眼，手一指，便伤心地跑开了。

自那以后，我不再热衷于在马路上寻找“亲生母亲”了。

在与母亲不和谐的关系中，我一天天长大了。动荡的年代结束了我的求学生涯。那年我才初三，之后，我就去当兵，做了一名军人。

离开了家，离开了父母，猛然觉得那些我曾经习以为常的家庭温暖是如此可贵，甚至连母亲那严厉的脸庞回想起来都带着一种亲切。

在部队中的一次生病让我第一次意识到母亲的爱。

那一次病得很厉害，还发了高烧。迷迷糊糊地看见母亲端着一碗鸡蛋挂面，拿着几块苏打饼干进来，坐在我的床头，用手轻轻抚摸着我的头，眼神里满是怜爱。

忽然间眼泪涌了上来，模糊了我的双眼。

当我清晰地睁开双眼时，发现并没有母亲，也没有鸡蛋挂面、苏打饼干，而是一群战友围在我旁边，他们愕然的眼神似乎在说：平时爱笑爱闹百折不挠的周弘竟然也会哭。

他们不知道，那一幕其实是我心田里最温柔的一块。小的时候，每次生病母亲的确就那样守在我的床头，问寒问暖，一扫平日的严厉。

18岁的我开始明白，其实并不是母亲不爱我，而是那个年代，尚挣扎在温饱线上的父母没有更多的精力分给孩子，而我的调皮无疑是给父母增加了负担。

后来，参加工作娶妻成家。30岁那年，女儿出生了，粉嘟嘟的小脸，眼睛似闭未闭分外讨人喜欢。做父亲的喜悦充满了我整个心田，那种幸福的感觉平生未曾体验。女儿一岁半，一场病，两针庆大霉素，便将女儿的一生打去了半个世界。被剥夺了声音，世界一片寂静，对于一岁半的女儿来说，该是怎样的一种恐怖啊？她那时大声哭喊的样子永远留在了我的脑海。

不久，我和妻子抱着女儿到上海一家权威的机构做了听力检验。那张诊断单到现在我还保留着：脑干电位显示，双耳全聋。

十个字，如十把巨型大锤，重重落在我的心上。

我和妻子抱着女儿失魂落魄地踏进父母的家里时，母亲站起来，轻轻接过对残酷现实一无所知熟睡着的女儿，以命令的口气说：什么都不要想，吃饭吧！

母亲眼里坚毅的神情给了我力量，给了我一种安全感，我仿佛又回到了三岁，狂风暴雨的夜晚，母亲忙碌的身影就是我最安全的守护神。

母亲用她的行动向我证明着她的爱，或者说，那只是她的本能，根本用不着证明。母亲将婷婷留在家里，由她亲自来带，亲自来教，母亲年轻的时候学的正是幼儿教育，没想到退休了却仍然无法休息。

母亲带着婷婷逛公园，逛动物园，母亲与婷婷做游戏，母亲教婷婷发出第一个音，母亲给婷婷做喜欢吃的八宝粥……

每次去接婷婷回家时，那一老一少快乐的样子都让我感动不已。

母亲对婷婷的爱几乎都让我嫉妒了。

有一回，我开玩笑地向母亲说了。

母亲顿了顿说：周弘，小的时候妈妈对你可能真的太严厉了，现在就算在你女儿身上弥补吧。

那一刻，我真想抱着母亲大哭一场，为了那30年的遗憾以及这30年后的理解。

中国的哲理认为事物没有绝对的好坏，相互之间是可以互相转化的。

女儿的经历恰好体现了这一点。

也许正是因为女儿的不幸，才促使我用尽心血将女儿培养成一个不一般的孩子；若女儿从小就是一个健全的孩子，也许我就不会在女儿身上投入那么多的心血，女儿也许也不会有今天，我也不会有今天。

尽管我已明白母亲其实一直爱着我，但我在教育女儿的过程中，坚决摒弃了母亲那种严厉的教育方式，女儿是在我的无限慈爱、无限赏识中长大的，而女儿在日后的一系列表现也证明我的方式是对的。

这就是我十几年来所倡导的赏识教育。

站在孩子的角度，我知道孩子深切地盼望父母的赏识、理解与信任，因此，我呼吁天下的父母，要赏识自己的孩子，要懂自己的孩子，哪怕天下人都看不起他，你都要眼含热泪地拥抱他、亲吻他，为他而自豪。

站在父母的角度，我也理解父母，其实他们也很脆弱，也需要孩子的宽容、理解与赏识。因此，我也呼吁天下的孩子，要理解父母对你的爱，哪怕父母做了许多令你反感的事，都不要忘记其实跳跃在他们胸膛里的是一颗爱你的心。

如果父母开始赏识孩子，孩子开始理解父母，那亲子的跷跷板就平衡了。

没有无私的、自我牺牲的母爱的帮助，孩子的心灵将是一片荒漠。

——英国谚语

永远经得起的考验

从前，有个年轻人，在他很小的时候父亲就到一个很远的地方去做生意，从此就再没有回来过。年轻人在妈妈含辛茹苦的抚养下长大成人，多少年来，他和妈妈相依为命，母子俩感情很深。

可是，有一个魔鬼，看到母子感情那么好，它就嫉妒了。于是，它化作一个美丽的少女，站在年轻人每天砍柴的必经之路上。果然，年轻人看到她第一眼就爱上了她，魔鬼轻易地蛊惑了年轻人。年轻人对这个“美少女”痴迷不已。

魔鬼开始行使它的计划了。有一天，当年轻人来看她的时候，它捧着自己的心做出一副心痛欲裂的样子。

年轻人很着急，问它怎么了。

魔鬼说，我这个病只有一样东西能治，可是你肯定不会做的。

我一定会做的，你快告诉我是什么东西，年轻人无比着急地说。

魔鬼终于说出了它的阴谋：你妈妈的心。

年轻人惊呆了，他没想到能治自己心上人的病的竟然是最亲爱的妈妈的心。

魔鬼一看年轻人迟疑，马上嚎啕大哭：你不要管我了，你不要管我了，你走吧，再也不要来见我了，过了明天，我就会死去。

年轻人为难了，他一脸愁云地回到家里，饭也不吃，坐在那里一声不吭。

做母亲的好担忧，就一个劲地追问儿子怎么了。

年轻人吞吞吐吐地转述了魔鬼的话。

母亲沉默了片刻，对他说：儿啊，你拿去吧。

年轻人捧着深爱的母亲的心奔向魔鬼恋人。路上，由于跑得太快，他摔了一跤，心掉在了地上，掉在地上的那颗心说了一句令人心碎的话："儿啊，你摔痛了吗？"

令人潸然泪下。

还有一个令人潸然泪下的故事的主人公是一头即将被杀掉的母驴。

那头母驴在屠夫的刀子下拼命地挣扎着，躲闪着，屠夫刺向它的刀子一再落空。火冒三丈的屠夫扔下刀子，拿着一根铁棍向母驴走去，屠夫家里的猪狗牛羊都在这一刻叫起来。突如其来的变故让屠夫怔住了，随之，他看到母驴卧了下来，几分钟后，一头小驴出生了。母驴望着正挣扎着要站起来的小驴，满眼的爱怜与不舍。

屠夫呆了。从那以后，他再也没有拿过刀。生死关头，最经得起考验的正是这样一份母爱。

伟大而坚强的母爱，为了孩子愿意献出自己的一切，把生死置之度外了。

万物如此，人类如此。

尽管在平凡的日子里，在现实生活中，爱的考验往往用不着以生死来面对。但爱的总量是不变的，平摊在每一天的每一个小细节中。多少母亲有了孩子之后，生活的重心便只有孩子，想着孩子将来的前程，想着孩子将来的幸福，想着孩子的衣食住行，想着孩子的点点滴滴，在这无所求的爱中，白了曾经年轻的头。

有一位母亲，她每天走两三站路去上班，只为了省下这几块钱给儿子买一点零食；有一位父亲，兼着两份工作，一天干13个小时，只为了供儿子在一所重点学校读书。

一个人，即使他再坏，若还有一股爱子之深情，那他还未到十恶不赦的地步。一个曾经被国际刑警追捕了十几年的大毒枭，就因为与儿子的通话时间过长，被警方侦查出了他所在的位置而最终被捕。他的被捕，在于他对儿子的温情，他不忍心挂断电话。

那个尽管会啰唆个不停、唠叨个不停的父亲或母亲，他们喋喋不休的话语下，是一颗赤热的心呀！

父母对孩子的爱，有感性的成分，也要有理性的成分。

狐狸的爱子逻辑

婷婷16岁那年，辽宁师范大学寄来一封信函，信上说可以接收她成为该校一名学生。

对于从来没有离开父母耳朵又听不到的婷婷来说，遥远的大连对她是个考验，对于我这个做父亲的也是一个考验。

怎么办呢？我苦苦思索着，难以抉择。

无意之间，看到了一个电视片，那节目讲述狐狸育子的故事：

初生的小狐狸在妈妈无微不至的关怀和爱抚下，一天比一天强壮，一天比一天可爱。狐狸妈带着小狐狸在阳光下奔跑，在绿阴中休憩，教它种种求生之道。小狐狸跟随在妈妈身边，整个世界只剩下轻松与快乐。

转眼，小狐狸满三个月了，小狐狸满三个月的时候恰好是大雪纷飞的季节。

一场大雪过后，世界变成了一个银色的世界。屋外寒风夹着雪在空旷的原野里飞舞着。

狐狸妈妈知道，是该让小狐狸离开的时候了。她把小狐狸喊过来，告诉它，从此以后，路就靠你自己去走了。小狐狸还没明白过来，妈妈就把它推出了洞穴。

小狐狸望着白茫茫的世界，害怕了。它一而再再而三地想重新回到那个充满了温暖的小屋，但狐狸妈妈都硬着心肠把它推了出来。

后来小狐狸放弃了，它孤零零地向前走去。空旷的雪地上留下了小狐狸一排歪歪扭扭的足迹。

望着小狐狸远去的身影，狐狸妈妈含着泪笑了。

那年9月，婷婷进了辽宁师范大学，成为中国第一位少年聋人大学生。

我知道，有不少的父母在教育孩子中遵循了狐狸的爱子逻辑。一个朋友，他把儿子送到边远山区的一个亲戚那里寄读了一年，只为了让儿子体会一下什么是生活的艰辛。一年后，“下放”回来的儿子变得懂事、勤劳，懂得珍惜东西，懂得关心父母，而一年前，他只是贪吃贪玩的小顽童。

父母对孩子的爱，有感性的成分，如关怀、爱护、亲昵，也有理性的成分，即像狐狸妈妈那样，让孩子学会独立，学会在无所依存的环境里生存。某种程度上说，理性的爱更为高级。

遗憾的是，许多父母做不到，他们只想凭自己的力量为孩子开一条绿阴大道，让孩子在阴凉中走向成功。

只是，这绿阴路，又能有多长呢?

如果父母在用狐狸妈妈那般的方式教育你，孩子，你该理解其中的苦心；如果父母试图把你罩在他们的双翅之下，那孩子，你该自己想办法走出来，在风雨中练硬自己的双翅。

“不，妈妈打我、骂我，可我还是要妈妈。”

切不断的纽带

安安是杭州的一个小女孩。

那年夏天，妈妈带她从杭州赶到南京来咨询。因为不适应学校的生活，九岁的安安休学在家。母亲是当地一家报社的记者，好强的她无法接受女儿的不争气，焦急之下，多次动手打了女儿，最伤人的话也说了：我怎么生了你这样的孩子？

安安坐在我的对面，那种神情，乖得令人心疼。

咨询过程中，我问了安安一个问题：“妈妈打你，你恨她吗？”

安安望了妈妈一眼，很坚定地说：“不，妈妈打我、骂我，可我还是要妈妈。”

那坚强的女记者忽然眼泪倏倏地落了下来。

我明白，那一刻，母女的心通了。

不久之前，看到一个故事。那故事说很久很久以前，在很远很远的地方有一个国家，在那个国家的南方，有一种虫，叫青蚨。青蚨是很小的虫子，它会飞。青蚨妈妈很爱自己的孩子，从小青蚨出世，到学会飞行、觅食，妈妈寸步不离它身边，陪着它，帮助小青蚨克服一个又一个困难，成长起来。

这个国家有个聪明的人，这个聪明的人看到了青蚨们的亲密，他就生了一个坏主意。

有一天，他拿着网套子在山里抓了81只青蚨妈妈，又抓了

81只小青蚨。回到家后，他把81只青蚨妈妈的血挤到了81枚铜钱上，又把81只小青蚨的血挤到另81枚铜钱上。

第二天，他拿着那涂了青蚨妈妈血的铜钱到市场为自己买一个烟斗。然后，满脸神秘地回到家里。晚上，聪明人将一扇窗户支开，将装着另81枚铜钱的盒子打开，不久之后，奇怪的事情发生了：一枚铜钱从窗户里飞了进来，直扑那个盒子，紧接着一枚又一枚的铜钱不断地飞回来，落到了盒子里。

当第81枚铜钱飞进来之后，聪明人关好窗户，心满意足地捧着盒子睡觉去了。

后来，这件事一传十、十传百地传开了。贪心的人们都拥到山上，希望捕获更多的青蚨。

让他们失望的是，青蚨一个都没有了，它们从这个地方销声匿迹了。

青蚨也好，人类也好，传说也好，现实也好，有一条是永恒不变的，那就是生命相承的纽带是永远切不断的。

只要彼此都在爱着对方，心就有贴近的一天。

家是世界上唯一隐藏人类缺点与失败的地方，它同时隐藏着甜蜜的爱。

——萧伯纳

当大海里出现杂物

一次在南京作完报告后，一位母亲找到我，几乎流着泪求我同她的孩子谈谈。

15岁的男孩子，高大帅气，却一脸的桀骜不驯。孩子小时候调皮，几乎是在拳头下长大的，如今，已上初三的他对父母充满了逆反心理。

那孩子向我讲述了一番父母对自己的不理解，对自己的管制，以及对自己的不赏识。

我目光平和地注视着他，不时地点头，表明我能理解他所有的苦衷。孩子的情绪渐渐高涨起来了。讲述完后，我问他："孩子，你觉得爸爸妈妈爱你吗？"

他迟疑了一会儿，说："爱，简直是太爱了。我爱吃龙虾，每年龙虾上市的季节，妈妈都会买许多回来做给我吃，每次她都说自己不爱吃，可有一次我明明看见她一个人吃我剩下的那些'老弱病残'，那时，我心里就酸酸的。我也明白，爸妈其实很爱我，可是，我需要的不仅仅是这样的爱呀！"

我点点头，然后又问："孩子，你见过大海吗？"

"见过，小时候，父母带我去青岛玩过。"他有点不明白我为什么转移话题。

"大海伟大吗？"

“当然。”

“浩瀚的大海上也会有些朽木杂物飘浮在上面，对吗？”

“对。”

“那大海会因此而不伟大吗？”

他迟疑了一下，终于回答：“不会的。”

“是啊。”我微笑着看着他说，“这就像父母对孩子的爱，虽然这爱里难免会有些朽木，有些杂物，但朽木与杂物掩盖不了父母永恒不变的爱呀。不能因为朽木和杂物就否定了父母之爱的伟大。”

那孩子半晌沉默不语，我静静地拉着他的手。坐在他身边旁听的母亲忽然捂着脸走出房间。孩子抬起头来，眼里含着泪水，接过我递给他的纸巾，站起来向妈妈走去。

父母对孩子的爱里，有时会夹着一些杂物，严厉、呵斥、强迫、打骂，当他们有一天为此而后悔，孩子，不要拒绝他们递过来的橄榄枝。

孩子，你一定要相信那些被你视为啰唆的叮嘱，真的有着不可更替的真理所在。

接过柳枝

山里的孩子长大了，长大的他想去看一看外面的世界。由于怕母亲阻拦，他暗中筹备着。临出发的那天，他才告诉母亲他要出远门了。

母亲沉默了片刻，走到院子里折下一把柳枝。她把柳枝交给孩子，叮嘱道：孩子，沿路插上吧，回来时你就不会迷路了。

孩子尽管觉得母亲的做法有点多余，但他还是听从了，一路走，一路把柳枝插上。

过了若干年，在外漂泊的儿子决定回家看一看。离家太久，归来时果然找不着回家的路了。但当初的柳枝已长成了一棵棵的柳树，儿子随着这些树，终于回到了家，回到了妈妈的身边。

亲爱的孩子，你曾经拒绝过母亲递过来的“柳枝”吗？当父母再一次苦口婆心地劝你这样做那样做的时候，年轻气盛的你是否觉得极端的不耐烦而挥手走开？若那个时候你回一下头，你看到的将是父母难过、失望的脸。

你拒绝了父母递过来的柳枝，尽管这些柳枝不一定能全部长成柳树，你觉得父母的思想太保守、观念太陈旧。六岁时你曾那般地崇拜过你的伟岸的父亲、温柔的母亲，而如今，你觉得你超越了他们，潜意识里你甚至有些瞧不起他们。可是孩子，再等10年，再等20年，你会发现，当初那些被你视为啰唆的父母的叮嘱，却有着不可更替的真理所在。

真的，别以为你勇往直前，再也不会回头，即使回头也不会迷路，因而拒绝了父母递过来的“柳枝”。与其在迷途上后悔，不如现在就把“柳枝”接过来。

慈母的胳膊是慈爱构成的，孩子睡在那里，怎能不甜？

——雨果

创造奇迹的力量

我有两个爱好。

一个是给别人讲故事，一个是听别人给我讲故事。我总能从别人讲给我听的故事里感悟到生命中所蕴含的深意。

如下面这个故事：

一位女孩因为车祸被送进医院。自住进来的那天起，她就一直昏迷不醒。

女孩在昏迷中不时地喊着："妈妈，妈妈！"

女孩的爸爸手足无措地坐在病床前，神色凄然地看着女儿痛苦地挣扎，不知该如何帮助女儿，只是不停地哀求医生："救救我女儿，救救我女儿！"

她不知道，医生该用的药都已用了，而病人，有时候也需要自救，能不能活下来，要看她对这个世界是否充满活下去的渴望，也要看她的造化。

一个护士问那个男人："孩子的妈妈呢？你为什么不叫她妈妈来？"

男人埋下头，低声地说："我们离婚很久了，我找不到她。"

护士皱了皱眉头，默默地坐下来，轻轻地握住女孩凉凉的手柔声说："女儿乖，妈妈在，妈妈在。"

男人抬起头，吃惊地看看护士，少顷，脸上流满泪水说：“谢谢，谢谢！”

女孩唤一声“妈妈”，护士答应一声。护士与那个女孩差不多年龄，还没结婚。

女孩像落水者抓到了一根稻草般死死攥紧护士的手，呼吸慢慢均匀下来。

在以后的日子里，那位护士像一位真正的妈妈那样，一有空就守在女孩的病床前，握着她的手，跟她说话、讲故事，轻轻地唱歌……

直到那女孩完全醒过来。

医生说：“她能醒来是奇迹。”

女孩说：“我感觉到妈妈用一双温暖的手，一直牵着我，一直牵着我，把我从一个黑黑的冰冷的洞里拉上来……”

人们以赞扬的目光投向那位充满爱心的护士，护士微红着脸说：“我记得一句名言：母爱可以拯救一切。”

生命之初，当我们还是一个小胚胎的时候，母亲给我们力量，用她身体中最精华的东西培育着还无知的孩子。母亲将她绵长的爱化在了喜悦与期盼之中。

母亲是孩子最早、最温暖、最安全、最永恒的港湾。

也许正是这一份特殊的生命相连的形式，让母爱在孩子的生命中起着无可替代的作用，产生了一个又一个的奇迹。

母爱在饭桌上那一盆盆美味的饭菜中；

母爱在那一叠洗得干干净净的衣服中；

母爱在临上学前那一声“小心”的叮嘱中；

母爱在孩子遭受挫折时那满脸爱意的神情中；

母爱在孩子取得了佳绩时的一声称赞中。

当你孤独时，想想你的母亲；

当你饥饿时，想想你的母亲；

当你寒冷时，想想你的母亲；

当你成功时，想想你的母亲；

当你失败时，想想你的母亲；

当你生病时，想想你的母亲；

当你迷路时，想想你的母亲。

…………

想想那个怕你饥、怕你冷、怕你孤独、怕你忧伤的母亲，在世上还有什么困难不能克服，还有什么不满足的？

第二节 亲子间的分歧

即使是在父子之间，当出现分歧时，也应该心平气和地去想扭转局面的方法，而不是凭情绪把局面恶化。

画眉鸟的天堂

上帝问一只被囚在笼中的画眉："你愿意到天堂去生活吗？"

"为什么呢？"

"天堂宽敞明亮，不愁吃喝。"

"可我现在也很好啊。我吃喝拉撒全由主人包办，风不吹头雨不打脸，还天天都能听主人说话、唱歌。"

"可是你自由吗？"

画眉沉默了。

于是上帝以胜利者的姿态把画眉带到了天堂。他把画眉安置在翡翠宫里住下，便去处理各种事务去了。

一年后，上帝突然想起了画眉，便去翡翠宫看它。

他问画眉："啊，我的孩子，你过得还好吗？"

画眉答道："感谢上帝，我活得还好。"

"那么，你能谈谈在天堂里生活的感受吗？"上帝真诚地说。

画眉长叹一声，说："哎，这里什么都好，只是这笼子太大了，怎么飞也飞不到边。"

我仿佛听到另一场对话。

父亲对自己上普通中学但成绩不错的孩子说：“你愿意上一所重点中学吗？”

“为什么呢？”

“重点中学里学风一流，教师一流，机会也多。”

“可我现在也很好啊。我成绩在班里总在前三名，另外，我歌唱得好，球踢得不错，老师和同学都很喜欢我呀。”

“可是，你能保证将来考上一流的大学吗？”

孩子沉默了。

于是，父亲以胜利者的姿态把儿子送进了一所重点中学寄读。他把儿子安排好后，就心满意足地离开了。

一个月后，父亲去看望寄读在重点中学的儿子。他问孩子：“啊，我的孩子，这里还好吗？”

孩子答道：“父亲，这里还好，老师水平很高，同学们也很优秀。”

“那么，你能谈谈在这里生活学习的感觉吗？”父亲真诚地问。

孩子长叹了一口气说：“哎，这里什么都好，可是我太累，我拼命地赶，拼命地追，总是追不上人家。”

在这场变故中，父亲错了吗？他只是想让孩子有个更好的环境，将来能将步子跨得更远，他的出发点是好的，正如上帝想让画眉生活在天堂。

那是孩子错了吗？

也不是。他接受了父亲的好意，的确也希望在新的环境里自己能变得更优秀一点，但他觉得很累。

如果有一天，孩子由累生怨，父子之间便出现了分歧，出现了裂痕，这个时候，父亲若坚持自己的观点让孩子呆在重点中学，而孩子又对重点中学厌恶不已，以至于自暴自弃，那父子之间的裂痕便会变成沟。

我想说的是，当父母和孩子有第一个分歧出现的时候，应该心平气和地去想扭转局面的方法，而不是凭情绪把局面恶化。

如果画眉在体验过天堂后仍然留恋鸟笼，那就让它回到鸟笼好了。

亲有过　谏使更　怡吾色　柔吾声

——弟子规

意思是说，觉得父母亲有做得不对的事情，做孩子的应该小心劝导，态度要诚恳，声音要柔和。

家有顽子

第一次见到李由和他妈妈的时候，我真大吃一惊，13岁的男孩子简直是妈妈脱出来的一个模子，从额头、眼睛到嘴巴，甚至流露出来的神情都是一模一样。

一模一样的母子心却不相通。

留下妈妈单独咨询。

她一脸愤然：“我这儿子，的的确确是个顽子，我被他气得更年期都提前了。”

一个心直口快的母亲，我被她逗笑了。

“平日倒也罢了，每到周末，我做好了饭，连喊他六次，他都装聋作哑，毫无反应。我亲自到他房间去，他总是盘腿坐在床上。唱机疯狂地吼着，电视机的音量达到最高分贝，他的左耳朵里塞着收音机塞，右耳机在听电话，脚趾还夹着一只短袜，逗得小狗狂吠不止。他的耳朵随时都可以处于关闭状态。如果我在洗澡，他就是靠在电话机上也听不见电话铃响。

“小狗出门，发出刺激神经的刨地板的声音，他一点儿也听不见；你要他倒垃圾，就是把嘴唇凑在他耳朵上吼，他也听不见；早上闹钟叫烂了他却听不见。

“但如果是足球赛，哪怕是位口齿不清、牙齿全没的解说员在风暴里悄悄评论，他却听得一清二楚。”

发泄一通，她忽然笑了一下，说：“不过，周老师，我儿子这样子，潜移默化我也学会了。比如有一次他向我要两块钱，我把碗洗得叮叮当当响，把水龙头开到最大，他说了三遍，最后不得不放弃而去找他爸爸。可是，这总不是解决问题的方法，我真不知该怎么办了。”

接下来，我和李由面谈。

清秀的男孩子语气很洒脱：“别人总说我和妈妈很像，妈妈潜意识里总想让我向她安排的方向发展，最好乖乖的，像她养的那只‘阿雪’一样，乖巧听话。她什么都要管我，从穿什么衣服、吃什么菜到和什么同学玩，她都想插手。可我已经是大男孩了，我该有自己作主的权利。她不肯放手，我就故意气她。有时候看到妈妈生气的样子，我就觉得好玩。”

我说：“如果你有个儿子，喊他六遍吃饭都不应，从来不替你倒垃圾，你洗澡的时候他能让电话一直响到不响，你和他说什么话他都充耳不闻。你会怎么对他？”

李由的脸红了：“我妈妈告诉您的？”我点点头。

“我知道有些事我做得有些过分，不过……”

“不过你没试过用更好更有效的办法。不尊重别人只能换来别人的不尊重，你既然觉得自己是大孩子，就不能用这种小孩子的手法来解决问题了。你转换一下态度，也许你的妈妈会受宠若惊，从而也改变对你的态度呢？”

“这倒可以试一试。”

李由像个老大人似的和我握握手，胸有成竹地走了。

宽容是一种宝贵的品格，能给予我们爱与被爱的机会。

你眼里的她

某杂志设了这样一个栏目，让那些已经十六七岁有了主见的孩子谈谈自己眼里的母亲。

一个孩子说：

我的妈妈善良、啰唆。她嘴里吐不出有色彩、有冲击力的词，只能将陈芝麻烂谷子化作倾盆大雨降下来。她爱我，但她不理解我。她16岁时遭遇“红海洋”而吼破喉咙，因而也强迫我在16岁时去遭遇些“特殊的”玩意儿，类似苦行僧那种，她怎么就不明白：情况是在不断变化的呀！有点可笑。

一个孩子说：

最让我苦恼的是妈妈缺乏幽默感，开些善意的玩笑，她全部不能欣赏，把些芝麻小事上纲上线成大是大非来批判，还搞得很隆重，让我们有自讨没趣的尴尬。

一个孩子说：

除了家务事上的照料，妈妈真的不能在精神上滋养我。她认为我的肉体从她的子宫“脱颖而出”，就必须“克隆”她的思想，常常说：“你脚丫子在鞋里动一动都瞒不过我。”她太自负了，其实，她不懂我的心。我的视野和认识能力已经超过她的想象。

一个孩子说：

爸爸买回一筐苹果，其中一个有点烂，妈妈准是首选这一个。第二天，另一个又烂了。如此这般，妈妈总是吃伤痕累累的苹果。她将此举当作自我牺牲来标榜。殊不知“扔一个烂苹果，天天吃苹果”才是实惠的人生。

最后一个孩子说：

有张报纸说，“新女人”有八种品质：自信、快乐无邪、自然、独立、健康、勇敢、积极向上、聪颖。

虽然我的妈妈一条也不占，但我仍然爱她。英国辣妹合唱团有首MTV《妈妈》，活泼的女孩们从舞台上跳到观众席，抱着妈妈亲吻面颊。我看得泪流满面。但你不能说辣妹不前卫，也不能说英国母亲就个个优秀。关键是沟通！沟通了，母女就成好朋友。这样，能不爱吗?!

成长环境的不同，必然造就父母和孩子观点的不同。当大树一天天走向苍老的时候，小树却一天天茂盛起来。不管大树怎样的枝疏叶黄，伤痕累累，小树都不该嘲笑它、贬低它，当初是大树给了它生的权利。

1999年夏天，我们举办了一期亲子夏令营，参加的有100多个家庭。中央电视台《东方时空》栏目全程跟踪。

在那100多个家庭里，最让人动容的是一个三口之家。女儿上初二，爸爸是一家工厂的一名普通工人，平淡的家庭在两年前遭遇了一场不幸，妈妈突然双目失明，爸爸要工作，照顾妈妈的担子有一半多压在了孩子身上。

可那孩子很坚强、很快乐。

夏令营在8月初举行，那可是“大火炉”最炎热的几天。

一天活动下来，尽管工作人员一再强调，父母还是溜了进去，照顾自己的孩子。几乎所有的孩子都吃着父母送来的冷饮。

只有那个女孩端了一盆水，一路上哼着歌走到母亲住的房间，轻车熟路地一边给母亲擦身子，一边和母亲谈着这一天的活动。宿舍里其他母亲不约而同地沉默了下来。

与此形成鲜明对比的是：一位母亲曾经流着泪对我说，上高中的女儿竟然不肯让她去参加家长会，原因是嫌她太老，不会打扮。

天下之不孝，莫过于“儿嫌母丑”。

当你能宽容父母的保守、邋遢、不思追求、缺乏幽默感、啰嗦、自以为是的时候，你就变成了一个成熟的人了，成熟的心智有利于你和父母之间的沟通，有利于爱的交流，那道曾经横在你和父母之间的沟便不复存在。

孩子，你是家的希望。|

对自己负责

阿庆曾经是个很漂亮的小姑娘，而且聪明可爱。在幼儿园的时候，她就可以自编自舞，令老师大为惊叹。

那可能是她记忆里最为快乐、骄傲的一段日子。

后来，她慢慢长大了，懂事了。她发现自己的家与别人的家不一样。别人家有笑声，她家没有。爸爸在家里除了和妈妈大吵大叫几乎不开口说话。爸爸阴沉着的脸，像一片永远多云的天空笼罩着她幼小的心灵。记忆里好像爸爸从没有抱过她，她也好久好久没有喊爸爸，因为她害怕。

长大后，她知道了“懦弱”这个词。老是阴沉着脸的爸爸其实是个懦弱的人。从小到大，家里大大小小的事儿乎都是妈妈出面，他俨然把自己看成了这个家庭的局外人。她从妈妈的指责中了解了爸爸所有的不足之处。许多年后她明白了这个家庭没有笑声的根源：她的父母之间没有爱情。失恋后的爸爸在一个雨夜跳江自杀，是妈妈救了他。他们的结合像100米短跑。而她，是仓促之间来到这个世界上的。

没有爱的家庭生活使妈妈把所有的注意力都放在阿庆身上。她爱阿庆，简直是溺爱。她倾其所有满足着女儿不断增加的物欲，等到爸爸的钱包仅剩的一些钱，也因此而受到威胁时，他把不满发泄在了女儿身上。当爸爸口含脏字骂她时，她惊呆了，她对父亲的最后一丝依恋土崩瓦解了。

妈妈也并不能给阿庆所有的幸福。她的火爆性格并没有因对女儿的爱而绝缘。她要犯了什么错，妈妈会不分青红皂白地骂她、打她，有时当着许多人的面。她觉得很丢人，非常丢人。那时候，她有点恨妈妈。而过后，她就想着法子让妈妈为自己做事，为自己买东西。她从中体验到一种报复的快感。

灾难在初三那一年降临了。

一场车祸虽然没有夺走她的腿，却让她在体味了深深的肉体之痛后，又失去了许多东西。她苗条的身材没了，整整一年，坐在家里，除了吃就是睡，体重直线上升，她不敢照镜子；她喜欢的舞蹈也没了，因为医生说不能剧烈运动；她优异的学习成绩也没了，因为休学一年，她不得不重新开始上初三，一年不学习，她发现自己的脑子笨了。

她恨，她气，她怨……

她的暴躁脾气就是那时候培养出来的。

在她的暴躁脾气之下，她和爸爸的关系更不要提了，和妈妈之间的冲突也是不停地发生。她知道妈妈心里有愧于她，就不断地提高自己的尺码。有一次，她看到同学们都骑一种山地车，她就逼着妈妈当天夜里敲开车行的门。

她的学习成绩一落千丈。妈妈积累的不满在她不肯去上学的时候就发泄出来，把她痛打一顿。

那个时候，她的心里只有恨。

矛盾冲突最厉害的一次，她拔开煤气罐的塞子，想全家一起死。

她妈妈就是那个时候打通了赏识教育研究所的电话。阿庆成了众多咨询孩子之一。

人活在世上，要承担许多责任。对父母的，对儿女的，对爱人的，对朋友的，对工作的，对社会的，这种种的责任都建立在一个责任之上，那就是对自己负责任。客观来说，阿庆的父母就是没有对自己负责，他们没有找出一个适合自己的活法来，因而他们不能正常地对阿庆负责。从而也造就了阿庆对自己的不负责任，遭受挫折后，她想的不是去战胜它，而是躲在过去的回忆里，怨天尤人，把不满发泄在父母身上。

把不幸的家庭、不幸的遭遇作为自己逃避的理由，显然不应该是一个已上高二的女孩应该有的人生态度。很小的时候，我们跌倒了，父母在旁边说：宝宝，勇敢一点，爬起来，我们就真的不哭，爬起来，那是我们最简朴的对自己负责。长大后，我们仍然会摔跤，这个时候父母可能不在身边，这一回可能摔得更重，但我们仍然要爬起来，因为要对自己负责。

其实，某种程度上，对于一个不幸的家庭来说，孩子可能是唯一能挽救这个家庭的希望。快乐、希望、活力、关怀，这正是那些处于不幸中的大人所欠缺的。这个时候，你的步伐迈稳健了，就要回过头，鼓励你那走起路来歪歪扭扭的老爸老妈：站直了，我们重新开始。

记住，孩子，当你开始对自己负责，开始与命运抗争的时候，你也在为父母负责。

你是家的希望。

温和的语言是打开心扉的钥匙。|

偶像综合征

一只小鹅，如果它在刚出生的20个小时以内，第一眼看到的不是大鹅，而是一只猪的话，它会追随这只猪，把它当作自己的母亲；如果它第一眼看到的是一只鸡，它就会把鸡当作母亲；如果第一眼看到的是人，它也会把人当作母亲。

这种现象叫“印刻”现象。

孩子，处于青春期的孩子，熟悉了父母老师的孩子，他们很容易把另一种形象当成崇拜的偶像，其盲目性犹如小鹅之认母。

关于偶像的崇拜问题，是父母们到我这里咨询的问题之一。

他们担心：过分的迷恋会让孩子迷失了自我，更直接的会影响学习成绩。

比如这个叫林奇的女孩，就遇上这个问题。

林奇上了高中后的第一件事是军训。由此林奇有了第一个偶像，那个身穿绿军装表情里尚存一丝孩子气的年轻教官。尽管那教官“鸭啊鸭”地喊口令，尽管那教官点名时总不时地卡壳，但林奇和她的新朋友们还是无可救药地迷上了他。

林奇拿着和教官的合影向老爸炫耀时，老爸把目光从报纸上挪到照片上扫视了一眼，说，不怎么样嘛，一个大男孩。

这话让林奇义愤填膺，她把教官和老爸做了一番比较，结论是老爸还不如教官的万分之一。你根本没权利这样说，林奇恶狠狠地加了一句。老爸只好无奈地摇摇头。有了偶像的对照，林奇对所有的人都不屑一顾，妈妈纯粹成了一只唠唠叨叨、喋喋不休的“老母鸡”，老爸好一点，也不过是一个会板着脸教训人的老夫子。

一个月的军训很快就结束了，教官将要回部队，这令林奇大为感伤。又是合影留念，又是赠送礼品，又是签名，又是参加座谈会，仍然意犹未尽。教官刚刚离开一星期，她便和几个同学结伴，冒着酷热，搭车去了百里外的军营，看望了一回她们心中的偶像。回来后，写日记，做文章，感慨系之。

热度也就保持了月余，很快林奇的嘴里就换上了另外一些名字——歌星。每当电视里出现那些歌星时，林奇便崇拜地说：哇，好帅。

事实上林奇并没有艺术天赋，甚至连五音也不怎么全，但对那些歌星的表演痴迷不已，为了减少老爸的干扰，林奇戴上耳机听，但听着听着情不自禁，就会手舞足蹈，和声而唱。那歌自然没人能听懂。

有一回，老爸忍无可忍，郑重地对她说：“林奇，这个世界很大，不光有这些歌星。”

林奇说：“这我知道，但他是最棒的。”

老爸回敬道：“与整个世界相比，他不过是一只嗡嗡乱叫的苍蝇。”

这话大大刺伤了林奇，她全然不顾，反唇相讥：“你怎么能这么说呢？那你是什么？”

老爸阴着脸说：“我不如他那么引人注目，但我不是苍蝇，我希望你也别做苍蝇。”

这一番交战双方都败下阵来。爸爸没有说服林奇，林奇也没有说服爸爸，为此，他们冷战了一个星期。

林奇到学校和同学们交流时，发现老爸的做法还算温和，诸如“烧光、杀光、抢光”的三光政策，诸如以学习成绩来压制之类的硬性手段都没有用。

这么一想，林奇觉得老爸又亲切了不少。也许自己该和老爸好好谈一谈，双方都做一些让步。毕竟喜欢音乐总没有错。

林奇所经历的事，几乎每个处于这种年龄阶段的孩子都在经历着。而又很少有人幸运地有父母能理解他们支持他们。倒是反对压制的多多。

喜欢音乐也好，崇拜偶像也好，都是一种年龄段的自然反应。问题的关键在于“度”，这个“度”就是和学习之间的平衡，若在老爸老妈眼里你已表现得过分痴迷，那离你接受“围剿”的日子就不远了。

当为此和父母之间出现冲突时，千万不可以以“不可理喻”将父母拒之心门之外。先反省一下自己是不是过分了，然后再想办法说服父母，让他们支持你正当的爱好。若一味地与父母冷战，或变本加厉地与父母唱反调，那倒是对自己不负责任的一种表现了。

父母也曾年轻过，他们也许是你最好的倾听伙伴。

心动季节

德国一所小学转来一个中国小女孩。

这个长着黑头发黑眼睛的小女孩令那些看厌了金发碧眼的男生大为好奇，继之，则对其大感兴趣。

其中，有个小男孩，宣称他爱上了这个中国小女孩。有一天回家，郑重地对妈妈说，他要和班上的中国小女孩结婚。

那位德国妈妈不动声色地说：好啊，结婚需要房子、汽车、戒指，还有婚纱，可这些都需要钱，而你现在一切费用都是由我们出的，所以，你首先要做的是先长大，然后去赚钱，有了钱就可以了。

小男孩欣然答应。

这事要发生在中国，那位母亲不劈头盖脸骂儿子一顿才怪，骂了之后，心里还很害怕，这么小就想着结婚，太早熟，这可怎么办呢？哎呀，我得找个专家去咨询一下。

如临大敌。

不但小学不该有，中学也不行，而且是更不行。

曾经就有一位母亲，痛哭流涕地找到我，说女儿早恋了，她通过偷听女儿电话，偷看女儿日记掌握了“敌情”，但不知道该怎样让女儿死心。

还有一次，在召开学生沙龙时，几个中学女生坚持要和我谈谈她们的心里话。

她们略带几分羞涩又满脸兴奋地向我絮絮叨叨地讲了一通男女生之间的那种敏感。我没有插一句话，只是微笑着听她们倾诉，她们所需要的也就是一个让她们放心的倾听者。

其中的一个小女孩说：其实，事情根本就没有父母想象的那么可怕，我们知道该做什么，不该做什么。

问题是，大多数孩子在出现这类问题时都对父母三缄其口，于是使得父母愈加好奇愈加紧张，于是采用了种种反保密、窃听、偷看的手段。其实，父母需要的，也就是一种安全感，他们所做的一切过激的行为都是害怕孩子走弯路，因此不惜担着“卑鄙”的罪名偷看日记、偷听电话。

真的，若你正处在这样的尴尬里，试着对你的父母讲一讲，也许他们并不是那样不可理喻。而且，他们毕竟从这个年龄段走过，有着你不可超越的人生经验。

如果你无法改变别人，那就首先改变自己吧！

穿越暴风雨

颜宏第一次从游戏机室溜出来的时候，心里充满了内疚，因为爸爸妈妈多次和他说过：如果你敢踏进游戏机室，小心你的腿。

颜宏的爸爸在一家大工厂做人事工作，或许出于职业习惯吧，颜宏发现爸爸一天到晚板着脸，他很少见爸爸笑过，即使笑，也有点皮笑肉不笑的味儿。因此，颜宏和爸爸的关系可想而知。相反，妈妈对颜宏倒是极尽宠爱，因此，颜宏在家里的地位比较微妙，一方面有点怕爸爸，另一方面有妈妈撑腰又有点瞧不起爸爸。

但有一些禁区，颜宏还是不敢明日张胆地触犯，比如游戏机室。

颜宏第一次接触游戏机是上小学四年级，11岁。他无可救药地迷上了游戏机，每当打过一关，游戏机里传出“你赢了”或者“你真棒”的声音时，颜宏都感到前所未有的兴奋。

天下没有不透风的墙，颜宏所谓放学后留在学校写作业的谎话很快在老师的一次家访中被揭穿了。

当天晚上，阴沉着脸的老爸一声令下：跪下。颜宏不由自主地跪了下来。但接下来爸爸劈头盖脸的打骂将颜宏的愧疚之心赶到了九霄云外，对爸爸的恨占据了他的心田。

夹杂着一种报复心理，颜宏开始明目张胆地去游戏机室。

换来的是爸爸的拳头教育。

反抗，压迫，再反抗。

颜宏和爸爸之间的斗争持续到初二。那时，他的成绩已一落千丈，斗争的唯一胜利，在颜宏看来，只是爸爸的神情更加阴郁，甚至，颜宏还在他头上发现了白发。有几次，颜宏发现爸爸站在小时候一家人出去玩时拍的照片旁，出神地望着。还有几次，颜宏在爸爸的书桌上发现了许多怎样教育孩子的书。

这些，也曾让颜宏的心软化，但随即想到父亲那动过无数次的拳头，心顿时硬了起来。

颜宏开始害怕去上学了，在学校，他是有名的差生，老师那种漠视的眼神让他受不了。颜宏觉得这个世界上没有人能理解自己，即使是妈妈，也只能在他面前哭泣。

颜宏逃学了。

逃学激化了父子间的矛盾，父子发生了冷战后的第一场战争，吵得异常激烈。

冲动之下，颜宏脱口而出：我永远不踏进这个家门。

老天似乎在配合这一场家庭战争，刹那间电闪雷鸣，颜宏头也不回地冲进雨幕，身后传来妈妈撕心裂肺的哭喊声。

雨渐渐停了，被淋成落汤鸡的颜宏开始有点后悔，天地之大，路又在何方呢?

毕竟，他只有14岁。

夜深了，颜宏任由自己的腿无意识走着，猛一抬头，已站在自己家的楼下，整幢楼一片漆黑，只有自己家的灯亮着。

颜宏思想斗争了半天，决心上去换件干的衣服，天亮了再走。

颜宏摸上楼去一摸口袋发现钥匙没带。他怀着侥幸心理轻轻推了一下门，门竟没锁。颜宏一眼看到爸爸双手抱着头佝偻着，坐在沙发上，全身湿淋淋的。

爸爸听到响声抬起头来。颜宏在爸爸眼神里看到了惊喜，而且，颜宏发现爸爸笑了，从眼睛到嘴巴，那种感觉像颜宏小的时候等妈妈，等啊等啊，终于回来时一样。

爸爸站起来，向颜宏伸出手，似乎想把颜宏抱在怀里。但终于没有。

他喃喃地说："回来了，回来就好，快去换衣服。"

颜宏的眼眶不争气地湿了。他好像又回到了四岁的时候，爸爸也曾这般温柔地对他。

爸爸的喉咙里艰难地吐出一段话来："你走后，你妈妈一气之下也走了，我出去追赶你，没追到。我自己坐在这里想了几个小时，我知道我错了，这些年，我对你太粗暴了，我对不起你，你要能原谅爸爸，我发誓一定改，好不好？"

爸爸用恳切的眼神望着颜宏，颜宏再也忍不住，号啕大哭起来。

这个故事是颜宏的爸爸后来在找到我咨询的时候讲给我听的。山穷水复疑无路，柳暗花明又一村啊，那一场暴风雨激化了矛盾，而后双方又在矛盾中坦诚相向。有一些父母，他们不是不爱孩子，而是不知道怎样爱孩子。

我们无法选择自己的父母，无论出生前，还是出生后。如果不幸遇到了不开窍的父母，如果我们碰巧也像颜宏一样无法改变父母高高举起的拳头。那该怎么办？

改变自己。

有一个简单的道理，鸡蛋要到石头的后边去，若坚持的路线与石头硬碰硬，那结局只有一个，粉身碎骨，相反，若鸡蛋改变自己的路线，绕开石头，那样，就既可以达到目的也能保全自身了。

无论何时，都不该以牺牲自己来作为报复别人的手段。颜宏出于报复父亲的目的，而沉溺于游戏机，让自己的成绩一落千丈，以至于不敢去学校，实不该如此。

周弘家庭教育提倡信任、尊重、理解，在别人信任、尊重、理解自己之前，自己首先要对自己尊重，对自己负责。

何况，那个你试图“报复”的，其实也是爱你的人。

第三节 孩子要做的

对于创造了你生命的人，有什么理由不尊重呢？

尊重：为人子的责任

收到过一位母亲的来信，这封信让所有看到的人都唏嘘不已。

…………

初一，孩子的成绩在班上排名第一；初二时，天塌了，我被发现患了直肠癌，他爸爸在他上二年级时就在上海工作，所以孩子基本上是我咬着牙带过来的。平时，只要有空，他爸爸会在周末往南京赶。那时交通不方便，到家已是半夜。有时一个月也回不了一次家，就我和儿子两人生活，忙得昏天黑地是常有的事。每天给孩子忙做饭，检查作业，画画，拉琴……所有时间都排得满满的，我当时只有一个目标：好好培养儿子。

但是，病魔不放过我。

我爱人在权衡利弊后，放弃了上海的工作，回到南京。我们没有依靠，他父母早亡，我家在外地，本来不善管家的他，既要为我治病，又要管孩子的衣食住行、学习，恨不能长出三头六臂来，从我开刀、放疗、化疗、看中医，一切的一切全是我爱人一人打点，对孩子的关注不知不觉中少了下来。

也就是从那时起，我发现孩子渐渐地在变，心理、生理都在悄然变化。这些变化发生在我们家庭艰难的时期。我爱人无暇顾及。我感觉到了，但我实在没有能力再管了。我看到，儿子经常照镜子，经常和爸爸吵着要名牌，如耐克鞋、捷安特自行车。以前，这些都是没有的。他爸爸怕和儿子纠缠，你要，我就给你买。可没想到，买了一双，他要第二双。我们为这事也发生过口角，我不同意他开这个口子，学生为什么要比吃比穿比用，为什么不比学习，要知道下岗工人一个月只有200—300元生活费了。儿子竟会说，下岗能轮到我吗？没本事的人才下岗。600元的耐克鞋才一个月就穿坏了。儿子竟说我们买的太差了，人家1000多元的就结实。气得他爸爸要揍他。跟他说，爸爸妈妈虽然都是大学生，但工资并不高，我们自己也没有一件名牌。

儿子会说：妈妈现在生病是不要穿好的，反正不出门。您看这讲的什么话。捷安特自行车丢了，又买了一辆，又丢了，他居然一点不心疼，说什么有的同学丢过4辆车。为了买衣服，他老是和他爸爸发生冲突，发展到后来，把过去的压岁钱都拿出来花了。说存钱有什么用，300元钱的名牌衣服说买就买回来了。听班上同学讲，儿子有空就会逛金鹰、逛专卖店。他爸爸说，我们从来不去金鹰，你一个学生逛什么金鹰。一说，儿子就说烦死了，总是以吵架告终。儿子根本听不进爸爸的话。他一放学，除了吃饭、看电视，就是钻到自己的小房间。他爸爸一进去，就被赶出来。班主任给家里来电话，孩子的成绩从前三名跌到了前十名，我们急啊。和他谈，谈一次，吵一次，学校4：50放学，他就是不回家，总是玩到晚上7点钟才看到人，只要学校有人没走在打排球或踢足球，必定有他。碰到他爸爸出差的日子，我是天天在窗口眼巴巴地等着儿子回来，连班主任都说：你妈妈的要求不高，不就是要你放学早些回家吗？哎，什么叫望眼欲穿，我这一年真是深有体会。我隐隐约约感觉到：儿子不想回家，他根本不想我们这个家，不想我们父母，真的。

其实，他爸爸到学校去，老师都说，这个班上最聪明的孩子是欢欢。他的外语老师特别喜欢他，撤掉原课代表，换上他。每次提问，班上没有人能回答上来，她总是最后叫欢欢压轴，完了加上一句“what a clever boy!”语文老师不止一次地说：欢欢，你的前途无量！班主任老师也说，他的数学是班上最好的。但他总考不到100分，为什么呢？不做题。老师布置的作业，这也简单，那也看不上。老师说，欢欢，熟能生巧，中考大部分的题目都是基本题，平时不多练，到时你能做过那些平时大量做题的同学吗？中考不是竞赛，难题没有多少的，要练最基本的东西。学校中考前各门课都有加习班。他想参加，老师不要他，说他根本不存在理解的问题，就是态度问题，要他踏踏实实地坐下来，把以前做过的卷子再看一遍，做错的改正一遍，考南师附中没问题。外语老师当着其他同学的面总说，欢欢，你必须考上南师附中，那里适合你……老师的希望又何尝不是我们家长的希望呢？我们太了解自己的儿子了，能力是没问题的，就是变得坐不住、贪玩。谈吧，每次他爸爸与他谈，谈一次，吵一次，有时竟会说出几句脏话来。我爱人岂能忍受被儿子骂，挥手就打。结果呢，家里总是天翻地覆，儿子会和老子对打。每次苦口婆心的教导总闹得不可收拾，甚至他爸爸到学校去找老师了解情况，被儿子撞见，他会以出走相威胁，用儿子的话说：我不要你们管。爸爸就回话：吃用都是我的，除非你不是我的儿子！

这一年多来，日积月累，父子之间的矛盾越来越深。吵架儿乎成了家常便饭，爸爸一开口，儿子就说烦死了，你能不能闭嘴！就摔门，嗓门比他爸爸还高。越是不服管，他爸爸越要管，说中国儿千年来，就是得孔孟之道，也没听说哪家的孩子被打跑，现在搞的什么《未成年人保护法》，孩子简直无法无天了，一句话都讲不得。我不止一次地劝他：试试和儿子交个朋友吧，看他心里到底在想什么，共处一个屋檐下，父子就像陌路人总不是回事吧。我爱人说："还翻了天呢？老子和儿子成朋友？什么人想出来的鬼花样！"我是既说不服儿子，也说不服他爸爸，干着急。好在儿子有些话会悄悄来告诉我，但前提是不准告诉爸爸。

这次叫儿子滚也是为一点口角。儿子又说了不该说的话，忍无可忍的爸爸看到他只穿一条裤头，说正好，赶他出去，看他离了我怎么活法。我气愤地说，儿子还没有杀人放火，坏到一定要赶他出门的地步，他有缺点，但他也有优点啊。比如，最近我去医院看病，都是他帮着挂号，陪我做各种检查，家里有的事也从不做到学着做了，你就不能表扬表扬他吗？大人还要听赞美的话呢，你说一个15岁的孩子，在你嘴里他永远一无是处，他能和你处得好吗？他身上没有钱，三餐不吃饭，你不是逼着他去偷，去做坏事吗？他爸爸说：他坐牢才好，我省心了……说是这么说，夜里两点多钟，我还是听到门响，他出去找儿子了。哎，这是何苦呢？

周校长，其实也不能全怪他爸爸。我觉得现在的社会环境对孩子的影响太大了，大到家庭的力量、学校的力量都挡不住。孩子回到家里，根本不屑与我们交谈，看的电视不是摇头摆尾的音乐，就是各类球赛、武打片，《新闻联播》和《焦点访谈》是我逼着他看才会看，动不动就损他爸爸："你上的什么大学呀？徐州医学院，哟，没有听说过啊？"

叫他看《钢铁是怎样炼成的》，他说："那有什么好看的，我不会去学保尔，我要学盖茨。"

所以他爸爸要说他："欢欢，你前面是一条锦绣前程，是你自己把它葬送在自己的手里。"

"你的同学上清华、北大，你只能去扫垃圾了。"

"古人云头悬梁，锥刺股，吃得读书苦中苦，方为人上人。"

"爸爸是最爱你的，只有爸爸才是最关心你，你怎么就听不进去呢？"

"一等人，不打不骂自成才；二等人，打了骂了才成才；三等人，打了骂了也不成才，难道你非要做末等人吗？"

这次中考，终于应了我的担心，化学考了75分，把总分拖了下来。两条路：要么交钱上南师附中，要么上中华中学（儿子填志愿一定要报考南师附中，大言不惭地说：我考不上谁考得上）。南师附中的老师打电话到家里叫我们去谈。我们只好与孩子先谈：经验、教训……你应该吸取什么？最后他写了保证书，他爸爸替他交了4万元钱（心里真是恨铁不成钢啊）。我们做父母的只能帮你一次，不能帮你一辈子!!!其实，儿子的情况南师附中摸过底（他在金陵中学上的奥数班上排名第三，那里是全市的数学尖子云集处）。所以校长、教导主任语重心长地对儿子说：到这里来要拼命，否则还不如去中华，在那里你是尖子，在这里，你目前是差生。这不，刚交了钱，还尊重他爸爸，几天一过，又不要他管了，对爸爸又是横眉冷对，恶语相加。

我周围的人，如邻居、同学的孩子，特别是女孩子，好像对父母都较尊重，还善解人意，与父母的关系较融洽，与父母发生口角啦，出走啦，这类事情就少得多。像我儿子欢欢，我怎么觉得他就像具有双重人格似的，在学校，尽管老师说他有缺点，但夸他的老师还是多，比如他这个体育委员真是尽职尽责，足球踢得最好，篮球也打得好；运动会800米，金牌得主；跳高、跳远、铅球样样达标；另外象棋、围棋、国际象棋都能玩得较好。这样的孩子，体育老师能不喜欢？数学竞赛年只他一人获奖，搞的只是解难题，唯他独尊。

记得有一次，考试的作文是《我们班上的男(女)生×××》，改卷子的是另一个班上的语文老师。他奇怪地说，欢欢这孩子我真想见见他，怎么你们班所有的女生都不约而同地写他呢？这个学生太有特色了。

有次上电教课，电脑出了故障，连老师都傻了眼，又是儿子自告奋勇，三下五除二解决问题……这样的事，班主任说起来，一串一串的，就连我们的上下左右邻居，爷爷奶奶，阿姨叔叔都有说：你儿子不错，懂事。可怎么他就是和我们三句话都说不到一块呢？记得有一次一个同学脚扭伤了，他居然天天接送，有半个月之久，为这影响了那次的期中考试。为这事，他爸爸说了他几句，无非是责怪他回来太晚。结果是大吵了一架，他说作为同学别人有困难要互相帮助（道理是没错）。爸爸说，作为儿子，你为生病的母亲尽过一份孝心没有？说到这，我心里还隐隐作痛。他对我生病，确实什么也没有做过呀，没有给我倒过一杯水，在他爸爸出差的日子，我为了他放学回来有饭吃，硬是不肯去住院，捂着刀口一人往返去医院做放化疗，为的是不影响儿子的学习，不耽误他的时间，可我躺在床上不能动弹时，儿子连一声问候也没有。想想养儿子真的很没意思，特别是看到他与他爸爸吵架时的态度，我真的心寒。我甚至对他爸爸说过，我恐怕是来日不多的人了，儿子的教育我放弃了，我也没有能力再操这份心了，听天由命吧。

欢欢优秀吗？

从智力的角度来说，答案是肯定的。

从他对父母的态度来说，答案只能是否定的。

固然，欢欢之所以对父母如此态度父母有不可推卸的责任，但不能因此而对父母不尊重。对于父母来说，还有比孩子的不尊重所造成的打击更沉重的事吗？

欢欢对父母的不尊重是对这个不幸家庭的最沉重的打击。

一个对父母都缺乏基本关怀的孩子，他再优秀也不值得大家尊重。

一位母亲带着上初中的女儿来咨询。那女孩声泪俱下，但言辞犀利地数落着父母的不是。母亲低垂着头，像个犯错的孩子。

又一个被宠坏了的孩子。

又一个不懂得尊重的孩子。

在她的观念里，父母为她做的一切都是应该的。而父母对于她学习提的一些要求，她视为压迫，并予以反抗。

我对那女孩说："在开始咨询之前，孩子，我告诉你几句话，孩子只有在一种情况下才可以指责遗弃自己的父母，那就是父母对孩子不负责任，对孩子缺乏基本的爱心。”

一个有良心的人，若他在年少时有过不尊重父母的经验，而父母又确实爱着他，那他终有一天会为此而后悔，后悔自己的不懂事。

与其将来后悔，还不如现在不做。

孩子对父母的信任，来自点滴的生活积累。还有什么比这更重要呢？

信任：爸爸会来的

几个差生的母亲被召到学校。老师将留下的差生逐一骂了一通后，母亲们都扑向自己的孩子，一顿打。

只有一位孩子的母亲搂着自己的孩子说了一段感人肺腑的话。她说：哪怕天下所有人都瞧不起我的孩子，我都要眼含热泪地拥抱他，亲吻他，为他而自豪。

举场皆惊。

那位全班倒数第一的孩子几年后考上京城一所重点大学，而其他当年在场的孩子都仍然平庸。

这就是父母对孩子的信任，一个字，始终相信孩子“行”。

那孩子对父母的信任呢？同理，哪怕天下所有人都瞧不起你的父母，你都要眼含热泪地拥抱他们，亲吻他们，为他们而自豪。哪怕山再穷，水再尽，都要相信，在远方等你的一定是你的父母。

一所小学的校舍在一次地震中倒塌了。

几个孩子被埋在了废墟下。

由于恐惧、害怕，几个孩子吓哭了，只有一个孩子十分镇定。他满怀信心地安慰大家：不要怕，我爸爸会来救我们的，他说过，无论发生什么事，他都会来我身边的，现在我们找东西敲起来。

同伴们听了他的话不哭了，敲击起来。

那位父亲果然在事情发生之后就赶到了现场，投入到营救活动中。

三天过去了，营救队的人认定这几个孩子生还的希望没了，他们打算撤退。

那位父亲坚决地说：不，我儿子肯定在等着我。

他拿起手里的铁棍继续敲击。紧接着，他听到废墟下发出微弱的回应。

“找到了！找到了！”他兴奋地高呼着。

两个小时的挖掘，当最后一块石块搬开时，人们一拥而上，那位父亲一把抱起儿子，流出了激动的泪水。只听见儿子发出了微弱的声音：“爸爸，我知道你会来的，我知道你会来救我的。”

小男孩出于对父亲的信任拯救了自己和小伙伴的生命。假如没有这份信任，他就不会在三天中不停地敲击东西来告诉外界他们还活着，那么营救工作就不会坚持到最后直到成功。

生活中，这种生与死的考验并不多。但仍然时时刻刻需要你对父母充满信任，在他们的责骂、抱怨、担忧之下，是他们一颗深深爱你的心，千万不要错怪了这种感觉，让不该有的恨与怨占据心头。

换位思考，理解万岁！

理解：小鬼当家

老实说，在姬发代理家政之前，他对父母所说的那一套节约、珍惜的话不以为然。十岁的姬发爱吃肉，鸡鸭鱼、猪牛羊，凡肉类来者不拒。

有一次，在饭桌上，妈妈感慨家难当，姬发做个鄙视的表情来，妈妈立马来个激将法：你不信，你来试试。

来就来，姬发早就想尝试一下掌握经济大权的感觉了。

妈妈给他罗列了一个清单，包括他在一个月内购买学习用具的预算，家里要交的水费、电费、煤气费，另外还有米、油、盐、醋、菜之类，还有早晨全家订的牛奶，以及报纸支出，另外还有父母各自的交通费、通讯费。剩下的就是饭食费了，这是唯一弹性比较大的支出。妈妈说一个月下来，多余的就归姬发了，算他理财有方。

姬发将爸妈交给他的工资扣除掉那些固定的支出，发现还有600多元。姬发仔细询问了妈妈一番菜价，第一次清醒地意识到肉类的价格比蔬菜价格高得多。

既然掌握了经济大权，每天晚上买菜的事姬发也就自己亲力亲为了。以前曾经深恶痛绝的青菜在姬发眼里变得无比可爱，几乎餐餐不离它。至于姬发爱吃的肉呢，当然想了又想，咬咬牙才买一点。

因此，自姬发当家以来，家里的晚餐几乎变成了吃素。爸妈忍不住，向姬发建议做一次红烧肉吃，姬发斩钉截铁地说：不行，一斤肉可以买六七斤青菜呢。青菜好，多吃青菜才可以长得高。

爸妈瞠目结舌，金钱的力量真是巨大，让以前那个出手大方不知柴米贵的小家伙变成了一个一毛不拔的吝啬鬼。

其实姬发自己也馋，每次路过麦当劳或肯德基的时候，口水就分泌得特别多，但每次都咬咬牙忍住了，可不能让父母看笑话，自己要带了头，父母要求吃肉就难以拒绝了。

吃素坚持到四个星期的时候，姬发觉得嘴里淡得简直像刚喝过白开水，他把目标指向以前买回来的那些肉类零食。有一天晚上他想偷偷溜到厨房“作案”时，发现爸爸正躲在那里蚕食一袋牛肉干。

到底还是女人心软，耐不住。有一天，妈妈拎回一斤肉来，说是单位发的，不要买菜就好，一家人像非洲难民一样在饭桌上抢光了那份肉，姬发甚至连以前看都不看的肥肉都吃得津津有味。

接下来，妈妈的单位总是发肉，不是鸡，就是肉，姬发乐得不行。

可是有一天，爸爸神秘地对姬发说：那些肉压根不是单位发的，是妈妈用自己的钱买的。

姬发有点不好意思了，以后再买菜时，肯出钱买了。

一个月下来，一家人好在都没饿死，一切都运转正常。生活费也没有余下多少。爸妈都称赞姬发治家有方。

姬发摇摇头，慨叹地说：不当家不知柴米贵。这一个月，他见识了许多后，他会知道怎么做的。

这以后，姬发果然懂事了许多，不再吵着爸妈带他去吃肯德基，他开始明白父母管家的不容易，而且姬发还养成了一个习惯：每次坐在饭桌前，他都要默默地计算一下这一顿饭吃掉多少钱，然后絮絮叨叨地说这顿饭太贵了。

孩子抱怨父母，最多的理由是父母不理解自己。

可是，你理解父母吗？

你理解他们早出晚归辛苦赚钱是为了让你生活得更好吗？

你理解他们把饭桌上最好吃的菜让出来给你吃的付出吗？

你理解他们有时的唠叨有时的指责有时的忧虑吗？

当你觉得父母不理解自己的时候，且不妨反过来换位思考一下，假如你是自己的父母，你会怎么样。这样想一想，你就会心平气和，就会理解父母一点。

当孩子开始理解父母的时候，父母的理解会出乎你的意料。

学会体谅父母，是一个孩子真正长大的表现。

宽容：母亲节的康乃馨

相对来说，嫒嫒是个懂事乖巧的女孩，她学习很用功，很少要父母操心，在学校里从不和同学们闹矛盾，老师自然也很喜欢她。曾经有一位数学老师摸着嫒嫒的头说："你要是我女儿多好！"

可最近，嫒嫒有了一件烦恼的事，前几天，妈妈下岗了。这对还不到40岁的母亲来说是个不小的打击。爱说爱唠叨的妈妈开始沉默起来，以前做起事来风风火火，可现在却经常望着一个地方发呆。有几次，嫒嫒看到妈妈在对爸爸发脾气。

爸爸摇着头走出来的时候，看到嫒嫒询问的目光，说了三个字：更年期。

嫒嫒想帮帮妈妈，让妈妈开心起来，像以前一样。她托着下巴想了半天，终于想到一个好主意。

5月的第二个星期天，嫒嫒早早就跑进来，将前天晚上买到的一束康乃馨拿出来。这时妈妈正打着哈欠从卧室里走出来，嫒嫒走上前，把康乃馨一递：妈妈，节日快乐！

嫒嫒期待着妈妈的反应。谁知妈妈说：你买什么花呀！不知道我下岗了吗？

眼泪倏地一下钻出来。嫒嫒默默地放下花，转身向外走出，一边走一边哭。但一转念，觉得自己这样也太不坚强了，也许妈妈是因为受了下岗的打击，心里不好受，才会这样反应的，说不定妈妈心里还是很感动的。

这么一想，媛媛觉得心里不怎么难过了。她用剩下的钱买了早饭，返身回家。

媛媛推开门时，发现妈妈正坐在桌边望着那束康乃馨哭。一见媛媛进来，就站起来猛地把她搂在怀里说："对不起，媛媛，妈妈不该这样，妈妈伤你心了。"

康乃馨燃起妈妈生活的希望。自从那件事后，笑意又回到了妈妈脸上，她不再待在屋子里发呆，而是四处奔波去找新的工作。

媛媛知道自己做对了。

父母也是人，某种程度上他们也是孩子，是放大的孩子。他们也会做错事，而且也许经常做错事。对朋友、对同事、对孩子，他们也需要宽容。

孩子，你已长大，回头仔细看一眼你的父母，当他们再一次在情绪中伤害你的时候，请你宽容他们吧。

父母不会赏识你，你就要去赏识他们。

赏识：山不动，我来动

有一次我在新疆做一个直播节目。

一位父亲打电话过来，听口气来者不善。

他说："周校长，你的报告我和女儿都听过了，有个观点我不能接受，你说天下没有种不好的庄稼，只有不会种庄稼的农民，庄稼遇到自然灾害怎么办？"

他又说："我是一个工厂的领导，几千人都管得服服帖帖，偏偏一个女儿管不住。我对她已是仁至义尽了，我感觉她是朽木不可雕了。"

又是一位不会"说话"的父亲。

我对他说："你这位父亲呢，很有爱心，很有才华，但是很脆弱，教育孩子不行的时候，你不是在自己身上找原因，而是归咎于自然灾害，说严重一点，你不敢面对现实。你是不是把管理工厂的感觉带到家里来了，对女儿居高临下？"

他终于说是的，我说那现在女儿不服你是必然的结果。我又问女儿是不是肯和他讲心里话，他说他俩不能对话，一开口就火药味十足。

我让他叫女儿接电话，我想和她讲几句话，因为这孩子已经听过报告了。

我问那个女孩："孩子，你喜欢伯伯的讲座吗？"

她说："喜欢，上学的时候我还向同学们宣传了呢！"

我又问："你愿不愿意和伯伯讲心里话？"

她说："我肯定愿意，你要是我爸爸就好了。"

可以想象他父亲这一刻的尴尬。工作做到这一步，其实也是失败的，父亲的自尊受到了威胁，父女之间的关系更为僵持。而我要做的是帮他们之间沟通起来。

我又对孩子说："孩子，伯伯和你讲，你希望父亲赏识你，其实反过来父亲也需要你的赏识，因为人都是脆弱的。父亲不是不爱你，而是太爱你了，错就错在他不知道表达爱的方式，换句话说，不是不开窍，而是他不知道。"

女孩在电话那一边沉默了。

接着我给她讲了一个故事：

南京有个女孩子，上中学时遭受了一些打击，情绪低落，对人生失去信心，和父母之间不断地产生矛盾。有一天，她在失望之余拿了一把刀，想把父母杀掉，而后自杀。全家人一夜没敢睡觉，第二天，极度恐惧的母亲打电话给我，让我救救她一家。

我们两个志愿者把那女孩子接出来开导了一天，终于让她心情平静下来，但她死活不肯回去。

后来，我和那个女孩子谈了很久。我也和她谈到父母不赏识孩子，孩子就要学会赏识父母的问题。

我说以前有一位先知，有一天在乡亲们面前宣布：明天，我要把城外的那座大山喊到我面前来。大家觉得不可思议，都赶去看热闹。

人都到齐了，先知不慌不忙、胸有成竹地过来了，清清嗓子，对着大山喊："大山，过来。"

大山不动。

先知又喊："大山，你过来吧。"

大山还是不动。

先知又充满深情地喊了一遍："大山，请你快过来吧。"

大山依然岿然不动。

一片哗然。

谁知先知又不慌不忙地说："我不就是想和大山接近吗？大山不动，我可以动啊！"他大踏步地向大山走去。

热爱、尊敬他的人们发出了雷鸣般的掌声。

我对那个孩子说，父母不会赏识你，你就要去赏识他们。后来那个女孩含着笑回去了。

故事讲完了，我又对电话那边的女孩说："孩子，相信吧，父亲更需要你的赏识，有一方动，就等于山在动，整个世界就会走向光明，双方都不动，那么光明都不会降临。想想，还有什么比人世间的亲情更可贵的呢！平心而论，爸爸为你付出的肯定不少。反过来讲，他能做一个优秀的企业领导，单凭这一点，不也该得到你的赏识吗？你是个聪明的孩子，伯伯知道你一定会做得很好的。"

而后我听到那女孩子轻快的如释重负的声音："伯伯，我懂了。"

我也终于松了一口气，这对父女，将会有一个美好的重新开端。

有时候，你的父母可能就是那座大山，你尽管一再表明你需要理解，需要尊重，需要激励，需要提醒，但好像总是得不到，这个时候就需要做进一步的换位思考，就先理解、尊重、信任、宽容、提醒你的父母，他们不动，你动，只要有一方动，就有沟通的可能，若双方都坚持不动，那只能是一盘僵局。

周弘家庭教育认为父母对待孩子的几大原则是：信任、尊重、理解、宽容、提醒。

换言之，孩子对待父母时也应该遵循这几大原则：信任、尊重、理解、宽容、提醒。

让对方感受到你的爱。

沟通：马语者

小女孩玛丽有一个心爱的宝贝——一匹名叫“朝圣者”的骏马，她的同学露丝也有一匹漂亮的马，两个小伙伴放学后就形影不离，骑着马四处溜达，好不威风。同学们无不羡慕，难免也生出一丝嫉妒。

可在一个下雪天，不幸发生了意外。她们正在遛马时，一辆车朝她们冲了过来，露丝和她的马当场被撞死。随即车子又朝玛丽和“朝圣者”冲过来。危在旦夕的瞬间，只见“朝圣者”一声咆哮，扬起前蹄，狠狠地撞向了驾驶室，玛丽得救了，仅伤了一条腿，可“朝圣者”却血肉模糊，面目全非了。

玛丽住院的时候，兽医告诉她的妈妈，马已找到了，但已成了一匹疯马，虽然还活着，可它的心灵已受到了巨大的创伤，那痛不欲生的样子，还不如让它死了算了。

可她妈妈却认为，女儿对马有着深厚的感情，马死了孩子会更伤心。

等玛丽养好了伤到学校后，发现一切都改变了，本想得到同学的理解和同情，谁知同学们的嘲笑声，像在她的伤口上撒了一把盐，深深刺痛了她的心，她彻底绝望了，当她坐在校门口看到妈妈开车接她时，一头扎到了妈妈的怀里，眼泪止不住往下流：“妈妈，我再也不想上学了。”

女儿一个人在家里，不由得想起自己心爱的马。

“妈妈，我的马在哪里？我想看看我的‘朝圣者’。”

“朝圣者”被锁在一个阴暗的铁笼中，当门一打开，看到小姑娘时，它便发疯地用蹄子刨着地，玛丽看到“朝圣者”丑陋的脸，不敢相信自己的眼睛，心如刀割。

接下来的几天，玛丽昏睡在床上不吃不喝，可嘴里不停地呼喊着“朝圣者”的名字。

她醒来的时候，对妈妈说：“把这匹马杀掉吧，它也没用了，我和它差不多。”

这位伟大的母亲知道女儿和这匹马的生命已融为一体。只有医好这匹马，才能把女儿从阴影中拉出来，解开她心中的结。

母亲是位编辑，她搜集了手边有关马的资料，发现马是一种古老的动物，比人类的历史还早100万年，可从一开始，马先是惨遭人类的大肆杀戮，直到有一天，又被人类所驯服，成为人类的奴隶。马高大威猛，但也很敏锐脆弱，虽然不会说话，但也渴望人类的理解。好在世上还有一些懂马的人，他们懂得马的语言，能够看懂马的表情，了解马的内心世界，他们被称为“马语者”。

这位母亲打听到西部有一位马语者，于是带着女儿和这匹马千里迢迢地赶到了马语者的住处。马语者被感动了，答应救治这匹马。

马语者是怎样医治马的呢？

这匹受伤的马有着强烈的恐惧感，一看到人就暴躁不安，而马语者这时既没有去逼它，也没有逃避，而是用赏识的眼光看着它，充满了关爱和温暖。

马在关怀和温暖的目光交流中渐渐安静下来，它感到找到了知音。

有一天，马语者带着马在池塘洗澡，突然马觉得不舒服了，一阵咆哮，撒开四蹄，向草原深处狂奔而去，周围人说赶紧把马追回来，可马语者却想，如果就这样把它抓回来，这匹马永远只是个奴隶，永远与人抗争。如果任其撒野，对它也是一种伤害，它在考验着马语者的态度。于是，马语者骑着马不紧不慢地跟着它。“朝圣者”跑一阵就停下来看一眼马语者，就这样跑跑停停，从中午到夕阳西下，“朝圣者”终于跑到了马语者身边，将脖子亲密地靠在了马语者肩膀上。

马的状态越来越好，但要完全打开马的心结，解铃还须系铃人，需要小姑娘的帮助，玛丽的心灵也受到深深的伤害，跟任何人都不讲车祸那瞬间发生的事情，于是马语者开导她：

“小妹妹你必须把真实情况告诉我，这样才能唤起马的新生，重新站起来。”

小姑娘在马语者的开导下，说出了那天的细节。

马语者长叹一声说：孩子，你真不该不懂“朝圣者”的心啊，出车祸的时候，你知道“朝圣者”为什么要用脚去踢玻璃吗？它是想救你呀！它受伤被救活之后，你却总不去看它，它以为你被车撞死了，所以它一天到晚地咆哮，那天，它看到你突然出现，太高兴了，以至于出现了疯狂表现。“朝圣者”它是多么地爱你呀。

玛丽的眼泪掉了下来。幸亏有马语者，否则她真的辜负了“朝圣者”的一片爱心啊。

马语者告诉玛丽，要抚平“朝圣者”的心灵创伤，必须她亲自上阵。玛丽答应了。

这天，马语者给“朝圣者”整理鬃毛，农场四周围满了邻居，妈妈还特意请了一个猎手，万一“朝圣者”再像上一次那样发疯，就只有将它打死。

玛丽一步步地向“朝圣者”走去，她的眼里含着泪水，嘴里轻轻地唤呼着“朝圣者”。

围观的人们都提心吊胆地看着，生怕“朝圣者”突然发疯。

奇迹出现了。

“朝圣者”离开马语者，轻轻地走向玛丽，走到自己的小主人面前蹲下来，等玛丽跨上它背后，“朝圣者”又慢慢地站起来。“朝圣者”驮着玛丽在农场上走起来。

玛丽哭了，马语者哭了，妈妈哭了，围观的人们也哭了。

马语者对玛丽说要懂得爱你的“朝圣者”的心。

其实，天下的孩子常常像玛丽一样，不懂得爱自己的父母的心，将父母的关怀视为婆婆妈妈，将父母的担忧视为枷锁，更有甚者，以顶撞、不合作，甚至作贱自己来报复父母。这种痛，是父母的心所不能承受的呀，他们的心可以为了孩子而舍弃，他们的心也会因孩子不成熟的言行而碎掉，爱之深，便容易受伤。

天下的孩子，真的该懂父母的心。

只有在懂得父母心的基础上，孩子才能与父母进行有效沟通；只有在懂得父母心的基础上，孩子才能理解父母所做的一切，才能宽容父母做得不恰当的事。

沟通，从懂父母开始。

心灵相通，从主动沟通开始。

一个不懂得爱父母的人又怎能真正懂得爱呢?

行动：妈，我给你洗洗脚吧

1999年夏天，我组织了一场家长培训班。其中有一项亲子活动。

那天，课程结束的时候，我给孩子们留了一项作业：回家为爸爸妈妈做一件事。这是一群从5岁到15岁的孩子。

第二天，家长们带来了孩子们的“杰作”。

有的孩子给父母递拖鞋、倒茶；

有的孩子帮父母做饭；

有的孩子帮父母洗碗抹桌子；

有的孩子帮父母按摩捶背；

有的孩子帮父母洗衣服；

…………

最让我感动的是那个最大的孩子和最小的孩子。

那个最小的孩子临睡前把一个盒子送到爸爸妈妈床边，他说：你们是我最喜欢的人，我送给你们我最喜欢的东西。

父母打开看时，里面是一堆小玩意，有贴纸，有断了臂的小泥人，有生锈的小铃铛，那些都是孩子从各种地方捡来的，这项工程从孩子两岁起就在进行了，那盒子他一直视如珍宝。

那个15岁的大男孩回家后做了他15年来第一次做的事：替爸妈洗脚。

他的父母带来了他当天晚上写的日记：“当我抓起妈妈

脚的时候，心里忽然一阵颤动，15年来，妈妈为我洗了多少次脚，可直到今天，我才为妈妈洗一次脚。其实想想，父母为我做的，与我所回报的，如何能画等号呢？

“记得以前看过一篇文章，说日本一家公司在招聘员工时，先要问应聘者是否给母亲洗过脚，应聘者中答有的寥寥可数，可公司就在这些人中选择了他们需要的人。因为他们认为一个不懂得爱父母的人又怎能爱公司呢。

“我轻轻地揉搓妈妈的脚，忽然有水滴掉在我的手上，我抬起头，发现妈妈的眼泪不断地滚落下来，一刹那，我的眼眶也红了。

“今天以后，我知道我该怎样做了。”

试着去做一件令父母令自己都感动的事，从中，你会收获很多。

运用一定的技巧能够事半功倍。

方法：最佳途径

当你意识到父母的某些做法不太妥当，而又希望父母能接受你的意见时，你就需要提醒父母。怎样提醒呢？巧妙的做法会令父母幡然醒悟并对你刮目相看。

这里有两个小故事。

故事之一：爸爸，我买你一小时

父亲是一家公司的负责人，每天大事小事一大堆。六岁的儿子总见不着爸爸的影子，晚上睡着了父亲才回来，早晨还没醒父亲已走了。

他想了个办法。

有一天，好不容易父亲在家。儿子走到他身边问："爸爸，我想问你一个问题？"

"什么问题？"

"你一个小时赚多少钱？"

"20块钱吧！"父亲随口说道。

儿子走了，过一会儿，又过来，请求父亲给他10块钱。父亲给了。

第二天，儿子又向父亲要10块钱。父亲有点不高兴，说，昨天不是已经给了你10块钱吗？儿子低着头不吭声，他心软了又给了。

第三天，当他正埋头看一些资料的时候，儿子走过来，站了好久不说话，他只好抬头问：有事吗？

儿子伸开一直攥着的小手，手里有20元钱，儿子说：“爸爸，我能买你一小时吗？”

从那天起，父亲每天都抽出时间来陪儿子。

故事之二：台风和树

台风中，校园里的两棵树被刮倒，一棵树倒在地上，树叶和枝条都完好无损；另一棵树叶子被刮光了，枝条被折断了不少，真是惨不忍睹。

台风过去了，老师叫来园林工人问怎么办。园林工人说，把两棵树的树枝都锯掉。对那棵完整的树，老师不忍心。园林工人没办法，只好锯了另一棵树的树枝，把它栽好，把没锯枝的树用绳子拉起来，也栽好。

过了几天，锯掉树枝的那棵树长出了新芽；没锯掉的那棵树，在阳光的强烈照射下，树叶耷拉着，打不起精神来，不久后，树叶就干枯了，看起来已经奄奄一息。

孩子在这所小学读了两年后，那棵长了新芽的树已经高过学校的围墙了，看起来枝叶茂盛，生机勃勃，那棵没被锯枝的树，早没影子了，不知被谁当柴烧了。

一场台风给两棵树造成了不同的命运。孩子问父亲这是为什么？父亲反问孩子为什么，孩子告诉父亲，台风挪动了树，树根受到了影响，必须为它减轻负担，它才能一心一意地生根、成长，没有锯枝的那棵树，负担太重了，就被压垮了。

我是一棵从乡下挪来的树，请你不要给我太多负担。末了，孩子加一句。

父亲听了睁大了眼睛。

上帝赋予了你一个聪明的脑袋，是为了让你在遇到困难的时候，在陷入困境的时候，能够想出绝妙的主意来化险为夷，直到成功。

当与父母发生分歧时，正是对你考验的开始，如何解决问题，需要你开动自己聪明的脑袋。

OK?!

父母与孩子之间的缘分是人世间最长远的一种缘分，最该值得珍惜的一种缘分。我用一位孩子的日记来诠释这一切：

"当我第一次睁开眼睛，看到大千世界时，爸爸妈妈，你们就成了我最信任最亲近的人；当我第一次张口说话的时候，'爸爸妈妈'是我最喜欢叫、最喜欢呼唤的词语；当我第一次学会走路的时候，你们的手成了我最值得依赖最喜欢触摸的东西。

"'爱'这个字从我刚出生时就占据了你们的心灵、血液、骨髓，也是从那时起，你们为我付出的就太多、太多了……但那时，女儿并不懂回报，只是开心地笑着，你们内心深处的一切，我都不懂，直到现在，我才明白，你们是不求回报的。

"我爱你们，我将怀着一颗感恩的心去努力地报答你们！"

课程推广(二)

亲爱的朋友：

健康是福无病是乐！健康是一切成就的根本！

人人都梦想健康长寿，过健康、快乐、幸福美满的人生。可是很多人找不到方法，长年在疾病困扰中消耗能量，不知不觉中病死、老死、老态龙钟、痛苦不堪，不能尽享天年，这是很可悲的事情。

生命属于我们只有一次，健康属于我们不可缺少，生命的和谐源于健康长驻。《光之子大医道瑜珈》、《与命共舞》2套课程，可让你时光倒流(年轻十岁)，充满活力，为你的生命撑起高飞的翅膀，让你的事业更成功，家庭更幸福，心灵更富有，获得生命的春天！让你的身心在和谐安详中，去构建你人生成功的蓝图，如同走向了高速公路！

如果你珍惜你的生命，想早日觅到青春不老的秘方和心灵财富的自由成功之路的方法，请你快快致电方普文化咨询报名，学习以下课程：《光之子大医道瑜珈》2天、《与命共舞》2天。

于艾平将亲授并与你分享生命的喜悦。

好消息：

于艾平中英文大型歌诗赞奥运系列视听光盘即将推出！

全球唯一中英文大型歌诗赞奥运爱心产品，即将隆重推出，值得珍藏！

欢迎通过baidu搜索以下关键字：

光之子和谐颂　送健康颂和谐　和谐颂　马艺源　马议祺　医道颂

乐后圣医道　方普文化　医道瑜珈　医道养生

世界中医药学会黎炳森　医道掀起思维革命的浪潮　奥运歌曲

奥运情怀　奥运中国心　和谐奥运颂　2008奥运　迎奥运

联系人：于艾平　13826415901　13925191089

于艾平个人邮箱：yiyan8888@126.com

于艾平个人博客：http://yuaiping020.blog.sohu.com

欢迎访问全球医道和谐网：http://www.qqydhx.com

全球医道和谐网邮箱：yidaoclub@126.com

读者反馈卡

亲爱的朋友：

当您看完本书之后，一定有很多感受吧！

希望您把您的感想与体会寄给我们，让我们与您一同分享。请将本页剪下来寄回我公司，我们将会为您提供更多的服务！

您在教育孩子过程中的主要困惑是：

您是通过什么途径知道周弘赏识教育的：

□赏识教育报告会　　□新闻媒体（请提供名称）：

□书店购买书籍　　□朋友介绍

□其他（请写出来）：

您看过“赏识教育丛书”中哪些书？（可多项选择）

□《赏识你的孩子》　　□《孩子别怕》

□《赏识教育三字经智慧丛书》　　□《翘起你的大拇指》

□《换种方式做父母》　　□《赏识你的孩子》VCD

□《周弘老师给父母的50个忠告》　　□《为什么我们错了》

□《早期教育宝藏——母语玩字法》

□《周弘老师家长培训班讲课实录》VCD

“周弘赏识教育”提供以下服务项目，您愿意得到哪些服务？（可多项选择）

□赏识教育高级研修班

□周弘赏识教育报告会：面对面的交流，心与心的碰撞

□家长培训班：赏识教育理念与方法互动，让家长真正开悟

□赏识教育好孩子快乐营：封闭式训练塑造孩子健康心灵

□送孩子参加赏识教育幼儿园

你是否打算购买使用“周弘赏识教育”全套资料

□ 是　　□ 否

Http://www.ssjyw.com

请沿此虚线剪下寄回

您还希望我们为您提供哪些产品或服务？

____

____

请您详细填写以下内容，方便我们为您服务！

孩子姓名：__________ 年龄：_____ 性别：_____

就读学校（或幼儿园）：______________________

您的姓名：__________ 年龄：_____ 性别：_____ 职业：_____

工作单位：______________________

联系电话：______________________

配偶姓名：__________ 年龄：_____ 性别：_____ 职业：_____

工作单位：______________________

联系电话：______________________

通讯地址：______________________

邮编：__________ E-mail：__________

如有任何问题与要求请与我们联系。

咨询热线：020-83801927　83820611　传真：020-83820332

地址：广州市中山三路东平三马路2号　邮编：510055

网址：www.ssjyw.com

广州周弘教育文化发展有限公司

中国陶行知研究会赏识教育研究所

Http://www.ssjyw.com

请沿此虚线剪下寄回